« Explorations Maçonniques »

Collection dirigée par Luc Nefontaine

ADRESSEZ LES COMMANDES À VOTRE LIBRAIRE OU DIRECTEMENT À

ÉDITIONS L'HARMATTAN

5,7 rue de l'École Polytechnique
F - 75005 Paris
Tél : 00[33]1.40 46 79 20
Fax : 00[33]1.43 25 82 03

http://www.editions-harmattan.fr

ISBN : 978-2-8066-3587-7 Dépôt légal : 2017/9202/7

---

www.eme-editions.be

Étienne Hermant

Rite anglais de 1717 et Rite belge

Dialogue entre James, un Maçon de Londres et Philippe, un Maçon voyageur

Le décor représente une Loge maçonnique au Rite Moderne de Belgique.

À l'Occident, au pied des Stalles des Surveillants, un fauteuil et un guéridon 1900.

Sur le guéridon, qui se trouve à proximité du fauteuil, sont posés une lampe, une carafe et un verre de whisky à moitié remplis.

À la suite des meubles, un âtre allumé.

Un panier à bûches est posé près de l'âtre.

Quelques volumes cartonnés forment bibliothèque. S'y trouvent également un gramophone et une paire de lunettes de lecture.

Deux chaises de style Louis XV, de part et d'autre d'un petit guéridon de la même époque, sont placées à l'Orient, devant l'Autel.

MUSIQUE

Always de Vincent Lopez 1926

VOIX ENREGISTRÉE *Grand Orient de Belgique* : « Le Rite Moderne du Grand Orient de Belgique s'inscrit dans la filiation de la Grande Loge de Londres de 1717 dite "Grande Loge des Moderns". »

VOIX *Grande Loge de Belgique* : « Pour l'essentiel, le Rite Moderne de la Grande Loge de Belgique est resté conforme à celui définit par la Grande Loge de Londres en 1723.
Le Rite des Moderns est, sans conteste, le plus authentique. »

VOIX *Grande Loge Régulière de Belgique* : « Le Rite Moderne de la Grande Loge Régulière de Belgique se rapporte à la Maçonnerie Britannique par la disposition des Piliers, par la présence d'un "autel" sur lequel reposent les Trois Grandes Lumières anglaises, c'est-à-dire la Bible, l'équerre et le compas, et par l'ouverture rituelle de la Bible en tant que "Vraie Lumière" spirituelle. Notre Obédience entend rester dans la voie de l'authenticité traditionnelle. »

ORATEUR (de sa stalle) : Le Rite Moderne pratiqué en Belgique, Rite officiel des trois grandes Obédiences masculines belges, trouve son origine au Grand Orient de Belgique, officiellement promulgué en 1878.

Il prendra la dénomination de « Rite Moderne », en lieu et place de « Rite Français », à la suite de la défaite napoléonienne de 1815.

Lors de sa scission avec le Grand Orient de Belgique en 1959, la Grande Loge de Belgique emportera avec elle les Rituels de sa Loge mère.

En 1979, la Grande Loge Régulière de Belgique se séparera de sa grande sœur à son tour, en revendiquant les mêmes Rituels.

Le Rite pratiqué par ces Obédiences respectives perdra considérablement de ses dispositions françaises originelles au fil du temps, non seulement par certains particularismes liés à ces Obédiences, mais surtout par de multiples emprunts aux divers Rites Écossais, qu'ils soient « Ancien et Accepté », « Rectifié » ou « Philosophique », à des mouvances pseudo-compagnonniques et à des apports rituels anglais.

Cette importante déperdition s'accompagnera d'une quête du nom que la seule terminologie « Moderne » ne reproduisait plus.

Ainsi fut-il appelé « Rite Ancien Réformé » sous la domination Hollandaise, on s'attachera ensuite à le nommer « Rite Écossais belge », « Rite Moderne Philosophique », en référence au « Rite Écossais Philosophique », « Rite franco-belge » ou encore « Rite Écossais Primitif de Namur ou de Nivelles », dont il est proche.

Vers 1980, on reviendra aux dénominations « Rite français » ou « Moderne français », et ce, malgré que le Rite instauré en Belgique n'ait reçu aucune patente du Grand Orient de France qui en est le détenteur et qu'il ne pratique pas les Ordres de Sagesse liés à ce Rite.

Aucune des appellations citées n'étant satisfaisante, on en arrivera à la dénomination « Rite Moderne Belge ou de Belgique », voir « Rite Moderne pour la Belgique », sans qu'il n'y ait un réel consensus à cet égard.

Ainsi, ce Rite, pourtant commun aux trois Obédiences masculines belges se fera dénommer,

— par le Grand Orient de Belgique, « Rite moderne ou des Modern(e)s, parfois appelé Rite Français »,
— par la Grande Loge Régulière de Belgique, « Rite Moderne » ou « Rite Moderne (belge) » (qu'elle différencie du « Rite Français ») et
— par la Grande Loge de Belgique, qui l'assimile curieusement à son Obédience, malgré une antériorité du Grand Orient de Belgique, « Rite de la Grande Loge de Belgique ».

Pour notre part, nous l'appellerons « Rite Belge », ce qui montre son éloignement du Rite Moderne originel français dont il s'est fortement départi jusqu'à effacer ses principales spécificités et lui assigne, dans le même temps, une territorialité que son histoire retrace.

Parmi ses nombreux emprunts, le « Rite Belge » a intégré dans ses pratiques, ce qui fut appelé le « courant andersonien », du nom du rédacteur des Constitutions anglaises de 1723, le pasteur James Anderson.

Cette approche radicale considère la Grande Loge de Londres et de Westminster de 1717 et la Grande Loge Unie d'Angleterre, comme véhiculant la Maçonnerie la « plus authentique », négligeant ou minimisant les apports des Maçonneries étrangères.

Le « courant andersonien », qui fit de nombreux émules, prend ses racines dans la Maçonnerie anglaise de la fin du XIXe siècle.

Sa figure emblématique en est l'historien Robert Freke Gould.

Il nous a inspiré cet Essai-fiction.

LA SCÈNE DE L'OCCIDENT S'ÉCLAIRE

MUSIQUE

Rule Britannia d'Albert Farrington – enregistrement de 1914

Le Pr HARRY, la soixantaine, en robe de chambre, est assis dans le fauteuil.

Il tient son verre de whisky à la main et arbore une moustache blanche fournie qui lui tombe sur la lèvre supérieure.

Le MAJORDOME, en livrée, écharpe au cou, fait son entrée un plateau à la main, sur lequel est déposée une imposante enveloppe.

MAJORDOME : (à l'adresse du Pr HARRY) Un pli est arrivé pour vous, Professeur Harry. Il est écrit URGENT en entête. Il est passé vingt-deux heures. Les gens n'ont rien de mieux à faire de leur soirée que d'embêter le monde !

Pr HARRY : Merci, John. Posez-le sur le guéridon, voulez-vous.

Le MAJORDOME pose le pli sur le guéridon et s'en retourne.

Pr HARRY : (l'arrêtant) Ah ! John. Pouvez-vous ajouter une bûche au foyer ? Ces hivers londoniens me semblent de plus en plus glacials.

MAJORDOME : (ajoutant une bûche dans la cheminée) C'est la pleine lune, Professeur, et cette année 1920 n'est pas des plus chaudes. Si Monsieur n'a plus besoin de moi, je m'en vais m'emmitoufler dans mes couvertures.

Pr HARRY : Faites, John, faites.

Le MAJORDOME fait sa sortie dans un bruyant éternuement, tout en marmonnant.

Le Professeur HARRY dépose son verre de whisky sur la table et s'empare, d'un geste las, de l'enveloppe brune.

Pr HARRY (détaillant l'entête de la lettre) : Lorsque j'enseignais l'histoire au célèbre *Wadham College* d'Oxford, qui a vu l'architecte *Free-mason* Christopher Wren[1] intégrer ses rangs, j'en ai reçu de ces missives au caractère prétendu urgent, qui se sont avérées, par la suite, d'une affligeante banalité. (déposant la lettre) À présent que je suis à la retraite, fort heureusement, ces écrits maçonniques intempestifs qui se veulent à teneur historique, se raréfient. Hélas, ils ne se tarissent pas, ce que, au vu de leur contenu, je regrette amèrement ! Bien ! Examinons cela de plus près. Nous saurons rapidement à quoi nous en tenir.

Le Professeur se lève et se dirige vers la bibliothèque, chausse ses lunettes de lecture qui se trouvent à proximité des ouvrages.

Son regard est distrait par un épais volume, il s'en empare et le parcourt.

Pr HARRY : (tout à ses pensées nostalgiques) « History of Freemasonery » ! De mon éminent confrère, Robert Freke Gould ! Mon Maître à penser ! Il me fit don de ses ouvrages peu avant sa mort. Je garde toujours en mémoire l'émerveillement que fut le mien en ce mois de février 1875 lorsqu'à la suite de la Cérémonie d'Initiation, on m'ôta le bandeau des yeux et que je me retrouvai face à mon mentor, alors Vénérable-Maître de la *Moira Lodge N° 92*, à l'Orient de Londres.

ORATEUR (de sa stalle) : Robert Freke Gould, né en 1837, devint avocat en 1868. Il consacrera sa vie à la Franc-maçonnerie et à son histoire. Il fut membre de la Grande Loge Unie d'Angleterre et devint *Senior Grand Deacon of England* en 1880. Il fut un des fondateurs de la Loge de Recherche *Ars Quatuor Coronati N° 2076*, fondée en 1886. Il décéda en 1915.

---

1 Christopher Wren, architecte de la cathédrale Saint Paul de Londres, fut un des fondateurs de la ***Royal Society***, Académie des sciences qui eût une réelle influence sur la Maçonnerie naissante. Il fut « adopté frère » le 18 mai 1691 (signalé par John Aubry dans « l'Histoire naturelle du Wiltshire »). Un compte rendu de la Loge ***At the Goose and Gridiron*** le désigne comme avoir été « Master of the Lodge ».

Sur ces entrefaites, le Professeur a remis le volume dans la bibliothèque et a regagné sa place.

Il s'est défait nonchalamment de l'enveloppe, en a fait une boule et l'a jetée dans l'âtre.

Pr HARRY : À nous deux, à présent ! (détaillant l'entête du document) Un manuscrit daté de 1766 ! Certainement un faux notoire de plus ! (se ravisant, un feuillet extrait du document à la main) Accompagné d'un certificat d'authenticité signé de la main du Docteur Chetwode Crawley, en personne ! Le découvreur du Catéchisme qui porte son nom ! Une sommité en la matière ! Voilà qui change tout ! Cette fois-ci, ce document pourrait bien valoir son pesant de Maçonnerie !

Il allume la petite lampe du guéridon.

(Parcourant le manuscrit) Voilà qui est curieux. Ce manuscrit a été découvert à Saint-Germain-en-Lay, dans cette localité même où auraient été érigées les premières Loges françaises ! Il y aura lieu de se méfier de ce document français ! Ces Maçons d'outre-Manche avaient une fâcheuse tendance à falsifier nos textes fondateurs !
Cet intitulé est bien intrigant (lisant) DIALOGUE ENTRE JAMES, UN MAÇON DE LONDRES ET PHILIPPE, UN MAÇON VOYAGEUR.

ORATEUR : Un titre qui présentait des similitudes avec l'entête de ce manuscrit anglais daté de 1725 : DIALOGUE ENTRE SIMON, UN MAÇON DE LA VILLE ET PHILIP, UN MAÇON VOYAGEUR.
Les premiers dialogues reproduisaient les mêmes phrases.

Pr HARRY : Voyons de quoi il retourne. (lisant) JAMES : *Sir*, je viens juste de recevoir dans une lettre un morceau de papier de cette forme...

LA SCÈNE D'ORIENT S'ÉCLAIRE

JAMES et PHILIPPE sont assis sur les chaises d'époque, séparés par le guéridon.

Ils portent un Tablier maçonnique sur des habits du dix-huitième.

Le sac de voyage de PHILIPPE se trouve déposé à ses pieds

JAMES : (il peut avoir un léger accent anglais) *Sir*, je viens juste de recevoir dans une lettre un morceau de papier de cette forme. Que voulez-vous dire par cela ?

JAMES exhibe un papier plié en forme d'Équerre.

PHILIPPE : Que la Maçonnerie est un travail d'Équerre ! Je suis Français, en voyage à Londres et recherche de la compagnie. Ayant entendu dire que vous étiez un Frère Maçon, j'ai osé vous appeler.

JAM. : Vous avez été bien inspiré ! Il conviendrait, néanmoins, pour la bonne forme, que vous me donniez les Mots, Signes et Attouchements de Reconnaissance de notre Ordre.

PHIL : Vous avez raison. Il n'est pas rare que l'on imite nos usages ! On ne saurait être assez prudent par les temps qui courent ! Je fus moi-même témoin d'un imposteur voulant se faire passer pour un Frère en montrant une épingle pliée sous forme d'Équerre, tel que nous le pratiquons également.[2] Fort heureusement il fut confondu par un Tuilage en bonne et due forme !

À ces mots, les protagonistes se lèvent, chuchotent les Mots à l'oreille, font les Signes et Attouchements.

---

2 Ces signes de Reconnaissance apparaissent dans le Ms. « Sloane 3329 », « circa 1700 », en ces termes : « Un autre signe consiste à vous passer une épingle pliée ou un morceau de papier coupé en équerre, dès sa réception vous devez venir de quelque endroit où en quelque compagnie que vous soyez en raison de votre serment [...] »

JAM. : Voilà qui nous met définitivement à couvert !

Pr HARRY : Ces « Dialogues », datés de 1766, semblent faire état des deux Maçonneries vécues dans la première moitié du XVIIIe siècle, l'une Anglaise, relatée par James et l'autre Française, relatée par Philippe, le maçon voyageur. Ça nous promet du plaisir ! Nous allons avoir droit à quelques poncifs français !

JAM. : Comment se porte donc votre Maçonnerie Française ?

PHIL. : Ma foi, fort bien ! Comme vous le savez, nous l'avons agrémentée de quelques Grades supérieurs au 3e Degré.

JAM. : J'ai ouï dire cela, effectivement. Pour notre part, nous nous sommes abstenus de toute escalade. Tout au plus songeons-nous à esquisser l'un ou l'autre « Working »[3]. La surenchère française n'est pas notre fort !

PHIL. : Je vois. Un vieux fond protestant sans doute... Il faut reconnaître que la Maçonnerie anglaise que vous avez diffusée à vos débuts, en Europe, avait belle apparence, et nous l'avons adoptée en France.

JAM. : Bien vous en a pris ! Ajoutons, néanmoins, que vous l'avez « adoptée » à votre façon !

PHIL. : À l'aune de notre génie propre, il est vrai ! Cela étant dit, si vous ne vous étiez pas reposé sur vos lauriers, il en aurait été tout autrement.

JAM. : Je suppose qu'il s'agit ici d'un trait d'esprit à la française ! À moins de tabler sur votre légèreté légendaire...

PHIL. : Votre humour à l'anglaise fera la différence, j'en suis sur... Il faut se rendre à l'évidence, cher Frère James. À la suite de votre « Masonry Dissected » de Samuel Prichard de 1730[4], aucun texte d'importance n'est paru en trente ans en dehors de rééditions de cette même divulgation.

---

3 Des « Side-Degrees », des Degrés parallèles au 3e Degré, seront intégrés dans la Maçonnerie anglaise. Les deux Loges ***Stability Lodge of Instruction***, créée en 1817 et ***Emulation Lodge of Improvement*** (1823) eurent pour objet d'enrichir et de fixer ces « Workings ». On compte cent-vingt à cent-trente de ces « Side-Degrees ».

4 Le catéchisme maçonnique « Masonry Dissected » est une divulgation sous la forme d'un pamphlet, paru dans le Daily Journal de Londres du mardi 20 octobre 1730 et qui faisait état de la Maçonnerie Anglaise de cette époque. Par cette publication, son auteur, Samuel Prichard, qui se présente comme étant

JAM. : Vous me semblez d'un caractère résolu, cher Frère Philippe ! Qui plus est, je vous trouve bien sévère. Tout était dit. Cette publication mettait en place les trois Degrés. Dès lors, à quoi bon inonder Londres d'écrits inutiles ? Vous, français, pendant ce temps, avez altéré l'authentique Maçonnerie qui était la nôtre par vos écrits déviants.

Pr HARRY : Voilà qui est assené ! À l'exemple de mon Maître à penser, Robert Gould, je reste persuadé que la Maçonnerie anglaise est la seule Maçonnerie pouvant se targuer de l'appellation « d'authentique ». À l'évidence, la Maçonnerie française a apporté aux trois Degrés, des modifications et des ajouts condamnables !

ORATEUR : La Grande Loge de Belgique partage ces avis. Elle faisait état, en ces termes, de la Genèse de son Rite, lors d'un cycle de conférences sur le « Rite Moderne » qu'elle initia en octobre et novembre 2014...

VOIX *Grande Loge de Belgique* : « Du rite des Modernes des années 1723 et du Rite Français du début du XIXe siècle au Rite Moderne Belge actuel. »

ORATEUR : La Maçonnerie française du XVIIIe siècle n'y est pas évoquée.

PHIL. : Des écrits déviants, prétendez-vous ! Voilà une charge bien injuste contre notre Maçonnerie. Nous aurons l'occasion d'y revenir. À mon tour d'être étonné, mon très cher Frère. Vous, anglais, prétendez à « l'authenticité », alors même que votre Maçonnerie doit une part significative à la Maçonnerie Écossaise. Anderson admet, lui-même, cet apport dans ses premières « Constitutions ».

---

un Ancien Maçon, entendait nuire à la Grande Loge et à ses dirigeants. D'après Harry Carr, il fut membre de la Loge « La tête d'Henry VIII » et visiteur en 1728 de la Loge « Le Cygne et la Coupe ». Il a été suggéré qu'il fût congédié par la Grande Loge de Londres avant son passage à l'acte. Il justifie sa forfaiture par ces termes : « C'est à la requête de plusieurs Maçons que je fus conduit à publier ce puissant secret pour le bien public, et cela donnera, je l'espère, entière satisfaction et l'effet désiré en empêchant tant de personnes crédules d'être attirées par une Société si pernicieuse » et ajoute « De tout ce que l'on a tenté d'imposer à l'Humanité, rien n'est aussi ridicule que le Mystère de la Maçonnerie ». Ce texte, par sa propagation, eut l'effet contraire de celui désiré par l'auteur. Il servit largement de support aux Loges dans l'exécution de leurs Rituels et contribua à unifier les différents usages maçonniques de l'époque.

JAM. : Un apport bien mince. Il n'y consacrera que deux malheureuses pages. Pas là de quoi pavoiser ![5]

PHIL. : N'oublions pas que James Anderson se vit confier la tâche de « reformuler les vieilles Constitutions gothiques en un système moderne et amélioré » à l'invite de la Grande Loge anglaise.
Malgré ces instructions, notre pasteur écossais, attribue à l'Écosse le rôle bien établi de sauvegarde de la « vraie Maçonnerie », jusqu'à sa renaissance dans vos contrées.
Il est question, dans ses « Constitutions », d'un « Roi Maçon » écossais, Jacques VI d'Écosse, premier roi de Grande-Bretagne de 1603 à 1625. Il y est noté que « Roi Maçon, il fit revivre les Loges anglaises » et qu'il fut aussi « le premier Prince au monde à remettre à l'honneur l'architecture romaine ». Voilà un témoignage bref, je vous l'accorde, mais appuyé ! Anderson savait de quoi il parlait. Son père fut membre de la Loge écossaise d'Aberdeen. Il suffit de compulser la liste des membres de cette Loge datée de 1699 pour s'en convaincre. James Anderson père apparaît comme étant secrétaire après avoir été deux fois maître de la Loge.
Il n'est par ailleurs pas exclu que James Anderson lui-même fut Maçon écossais avant d'intégrer les Loges anglaises.[6]

JAM. : Vous partez à la pêche aux phrases, mon Frère ! Avouez que nous sommes loin d'une pêche miraculeuse !

Pr HARRY : Gould a été très clair à ce propos et je partage pleinement ses vues ! Valoriser le phénomène écossais n'est pas raisonnable. Il est bien établi que l'Angleterre reste le seul et unique tenant d'une Maçonnerie qui a essaimé à travers le monde !

ORATEUR : Ce « courant andersonien », véhiculé ici par le Pr Harry, se propagea sur un siècle, dans la lignée des historiens britanniques, de Gould en passant par Jones, Knoop, Hamer, Murray Lyon, Hughan, Lane, pour se terminer par Harry Carr.

5 Les historiens universitaires David Stevenson et Robert L.D. Cooper développeront cet apport dans leurs ouvrages repris en bibliographie.

6 Il n'y aurait pas de pleine certitude à cet égard. Voir, à ce propos, « James Anderson, man and mason », David Stevenson, Herodom 2002.

Voici ce qu'en a dit John Hamill, Vénérable Maître de la célèbre Loge de Recherche anglaise *Ars Quatuor Coronati 2076*, lors de la célébration du centenaire de la Loge en 1986.[7]

VOIX *John Hamill* : « Les fondateurs de la Loge de Recherche *Ars Quatuor Coronati* parleront "d'école authentique ou scientifique" de recherche maçonnique, ce qui amène à se demander, un siècle plus tard, s'ils vécurent à hauteur de leur ambition. En particulier dans leur travail sur les origines de la Franc-maçonnerie, il convient plus de parler d'école ésotérique, mystique, symbolique et romantique. »

ORATEUR : Robert Gould, qui fut fondateur de cette Loge de Recherche, poussa son anglophilie jusqu'à affirmer...

VOIX *Robert Gould* : « Soyons-en persuadés, la Grande Loge des Anciens de 1760, a été créée par des Maçons Anglais "schismatiques", séparés de la Grande Loge d'Angleterre. Ne suivons pas la voie de l'historien Henry Sadler qui prétend démontrer que la Grande Loge des Anciens a été créée par des Maçons irlandais venus s'installer en Angleterre. Billevesées ! Il va sans dire que je reste fermement sur mes positions. »

ORATEUR : Henry Sandler démontra en 1887 dans « Masonic Facts and Fictions » que la Grande Loge des Anciens avait été fondée par des Maçons irlandais indépendants et prouva ses dires en citant le « Morgan's Register » et les premiers procès-verbaux de la Grande Loge des Anciens.
Malgré les preuves irréfutables apportées par l'historien Henry Sadler, les positions intransigeantes de Gould furent imitées, plus tard, par Murray Lyon. La Loge de Recherche Anglaise récidivera dans les années 1990, lorsqu'elle continuera à affirmer que les Colonnes *Jakin* et *Boaz* n'avaient pas subi d'inversion en Angleterre, allant à l'encontre de la Grande Loge des Modernes qui déclara le 12 avril 1809, qu'il y eut bien des modifications de ces *landmarks*, ce que confirmeront par ailleurs des textes anglais, écossais et irlandais émanant des plus hauts dignitaires des trois Grandes Loges Britanniques.
On retrouvera ces textes reproduits dans un document intitulé « International Compact between the Grand Lodges of England, Ireland, and Scotland ». Concluded July 1814[8].

---

7 Voir Bibliographie HAMILL, J.

8 Alain Bernheim en fera état dans le détail dans son étude « La Franc-maçonnerie, l'Angleterre et les mythes ».

Depuis lors, le criminologue Alain Bauer, ex-Grand-Maître du Grand Orient de France, a montré que le contre-espionnage maçonnique anglais avait inversé l'ordre des Colonnes à la suite d'une publication des Rituels, les 11 et 13 avril 1723, dans un journal à tirage très populaire, le « Flying Post or Postmaster »[9]. Cette inversion avait pour but de confondre les imposteurs venus pour espionner la Loge.
La Loge de Recherche Anglaise, par ce révisionnisme ambiant, voulait accréditer la thèse selon laquelle la Grande Loge Unie d'Angleterre ne pouvait, en aucun cas, avoir été dans l'erreur, par l'entremise de la Grande Loge de Londres et de Westminster de 1717, qu'elle considérait erronément être à l'origine de son Obédience, alors que nous savons qu'il s'agit là de deux Maçonneries d'origines différentes qui ne peuvent se confondre.
Ces diverses assertions sans fondements visaient à maintenir une suprématie de la Maçonnerie anglaise.
Cette mainmise anglaise eut ses farouches partisans et ce jusqu'aux confins du XXIe siècle. Edmond Mazet, qui fut Suprême Commandeur du Grand Chapitre français et commentera plusieurs manuscrits des « Old Charges », écrira en 1995, pointant le Catéchisme irlandais « Trinity College » daté de 1711...

VOIX *Edmond Mazet* : « Rien ne prouve que le texte ait été écrit en Irlande, et il serait vain d'y chercher des particularités de la Maçonnerie irlandaise. Il est d'ailleurs bien établi que la Maçonnerie a été importée de Grande-Bretagne en Irlande, tout comme elle a été importée plus tard dans d'autres pays. »

ORATEUR : Ce qui, pour Edmond Mazet, « est bien établi », ne reflète pourtant pas la réalité et les Grandes Loges d'Irlande, d'Écosse et de York ne doivent rien à la Grande Loge de Londres et de Westminster de 1717, qu'ils ne reconnaissaient pas et avec laquelle ils n'avaient aucune relation à cause des modifications apportées aux Rituels par les « Moderns ».
Ce rejet était réciproque. La Grande Loge de 1717 interdisait à ses membres tout contact avec la Grande Loge des « Ancients » car, selon le Grand Secrétaire James Heseltine, « ces gens-là ne sont pas reconnus comme maçons ».

---

9 L'auteur y consacre un paragraphe dans son ouvrage « Le Dictionnaire amoureux de la Franc-maçonnerie » édité chez Plon en 2010.

Citons comme autre continuateur du « courant andersonien », Michel Brodsky, Ex-Passé Maître de la Loge de Recherche de la Grande Loge Régulière de Belgique, *Ars Macionica*, qui en 1998 déclara...

VOIX *Michel Brodsky* : « La Franc-maçonnerie anglaise est la source et la référence de base de toutes les Loges maçonniques du monde. Les modifications et les réécritures des textes anglais ont contribué à l'introduction d'altérations essentielles. »[10]

ORATEUR : La Grande Loge de Belgique, par la voix de son Grand Maître, Georges Neslany, déclarera à son tour, en juin 2003...

VOIX *Grande Loge de Belgique* : « Que l'on ne s'y trompe pas : c'est à la Grande Loge la plus ancienne en date que s'applique le terme de "modern", ce qui veut dire que le rite en vigueur à la Grande Loge de Belgique est le plus authentique, depuis l'époque où la Maçonnerie opérative a cédé le pas à la spéculative et que la première structure a été fondée en 1717. »[11]

ORATEUR : Auparavant, l'historien Harry Carr poussa le rejet de la Maçonnerie écossaise jusqu'à prétendre...

VOIX *Harry Carr* : « C'est pure coïncidence que les plus anciens documents rituels – les textes d'Édimbourg – soient tous d'origine écossaise. »

ORATEUR : Ajoutons que, si la Grande Loge de Londres a essaimé, elle ne fut pas la seule à le faire.
Les Maçonneries écossaises et irlandaises ne furent pas en reste, même si leur influence reste encore à déterminer.
Le courant jacobite exilé en France donnera, en effet, des Grands Maîtres écossais et irlandais de 1731 à 1737.[12]

---

10 Il publia « La Grande Loge Unie d'Angleterre » en 1999, chez Edimaf.

11 Georges Neslany, Ex Grand-Maître de la Grande Loge de Belgique, dans « G Info » de juin 2003.

12 Auparavant, en 1728, les Francs-maçons Français reconnurent le duc de Wharton comme « grand maître des Franc-maçons en France ». Ce jacobite avait été le sixième grand maître de la Grande Loge de Londres en 1722, mais il se brouilla avec elle en 1724. La nomination du Duc de Wharton à la tête des Franc-maçons de France, n'eut pas un très grand retentissement.

James Hector MacLean (1703-1750) puis Charles Radcliffe, Comte de Derwentwater (1693-1746) fonderont une Loge en 1725 qu'on retrouve renseignée en 1777 dans l'Encyclopédie de Joseph de Lalande.
Ils précéderont le rameau andersonien qui ne prendra possession de la place, par l'entremise du Docteur Désaguliers, qu'en 1734 avant que le Duc d'Antin ne prenne la tête de la Franc-maçonnerie française.
Mais nous avons interrompu le dialogue entre James, le Maçon Londonien et Philippe, le Maçon français. Reprenons-en le fil...

JAM. : Après ce détour peu glorieux par l'Écosse, si nous en revenions, mon très cher Frère Philippe, aux quatre Loges de Londres qui se sont réunies en 1717 à la taverne *The Goose and Gridiron*. À moins de faire preuve d'une solide mauvaise foi, il me paraît plus que hardi, de ne pas admettre que de cette réunion découla la Franc-maçonnerie qui est nôtre. Nous en sommes donc bien les instigateurs.

PHIL. : Difficile, en effet, de le nier. Même si, au vu des archives disponibles, on peut s'interroger sur la véracité de ce rassemblement.

JAM. : Que voulez-vous signifier ?

PHIL. : Nous savons que les procès-verbaux de la réunion de 1717 durent être reconstitués. Ils semblent, en effet, avoir été perdus. À moins que cet acte fondateur n'ait simplement jamais eu lieu ! Le seul compte rendu de l'événement est tardif. Il se trouve reproduit dans les « Constitutions » d'Anderson de 1738...

ORATEUR : Un autre récit apparaîtra en 1775 sous la plume de William Preston dans « Illustrations of Masonry ».

PHIL. :... Par contre aucune trace de cette Assemblée dans les premières « Constitutions » datée de 1723. Voilà qui peut paraître surprenant ! Les premières attestations de votre Grande Loge ne sont certaines que depuis 1721 avec l'élection du richissime Duc de Montagu. Le livre des premiers procès-verbaux ne débute qu'en 1723... Il n'empêche. Ne pas vous concéder cette émergence, même sous d'autres formes et à une autre date plus proche, serait pure gloriole.

JAM. : Voilà qui est dit !

PHIL. : Mais ne perdons cependant pas de vue que si des Loges se sont réunies pour former une Grande Loge, c'était dans le but de rassembler leurs ressources financières en une caisse commune afin de venir en aide à leurs Frères, de plus en plus démunis. Vos Loges, devenues plus que disparates à cette époque, étaient exsangues. Les Maçons de métier, pour la plupart, les avaient désertées.

JAM. : Où voulez-vous en venir ?

PHIL. : À rien de plus que de faire état du fait que la poignée de Frères qui se seraient retrouvés un 24 juin à l'étage d'une salle exiguë d'une taverne, n'avait d'autre ambition que de rassembler leurs forces dans un but de survie. Une réunion de la dernière chance, en quelque sorte.

JAM. : Que voilà une manière dépréciée de présenter ce qui fût la première Tenue de la Grande Loge de Londres et de Westminster !

PHIL. : Loin de moi l'idée d'une quelconque dépréciation, mais il convient de ne rien dénaturer ! On se représente trop souvent une réunion fastueuse de Francs-maçons paradant dans un cadre prestigieux, alors que la salle à manger du premier étage de cette brasserie londonienne assez mal famée, pour peu qu'elle fût investie, ne pouvait contenir, tout au plus, qu'une vingtaine de participants...

JAM. : Voilà une bien curieuse affirmation. D'où vous vient cette certitude ? Je ne pense pas que vous ayez été présent en ces lieux à la Saint Jean d'Été 1717 pour en attester ! Pour ma part, je garde cette date pour authentique !

PHIL. : Je puis difficilement vous donner tort quant à ma présence à Londres en 1717 ! C'est l'année même où on me porta sur les fonts baptismaux ! Par contre, j'ai pu me saisir des plans de cette Taverne que cette réunion maçonnique rendit célèbre... À tort ou à raison !

JAM. : Je vois que vous ne cédez en rien !

PHILIPPE s'empare de son sac de voyage et en sort des feuillets qu'il montre à JAMES qui les examine.

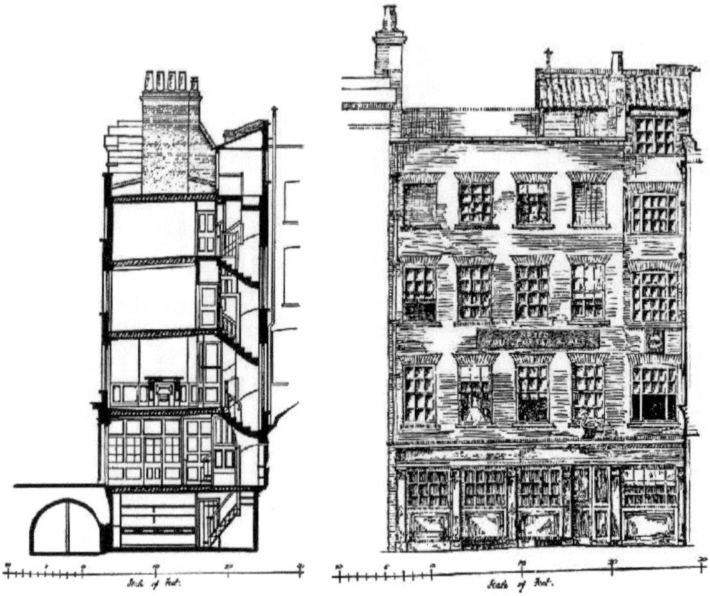

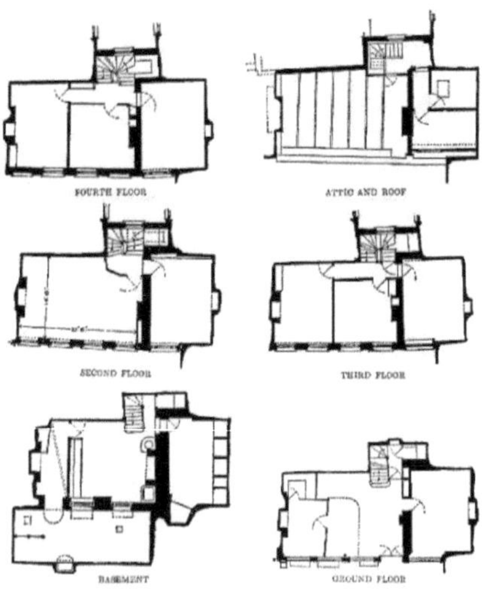
FOURTH FLOOR
ATTIC AND ROOF
SECOND FLOOR
THIRD FLOOR
BASEMENT
GROUND FLOOR

PHIL. :... Des plans à l'échelle qui ne laissent aucun doute quant à la capacité de cette salle à manger du premier étage qui reçut prétendument nos Frères, dont les mesures n'étaient que de quatorze pieds sur vingt-et-un pieds[13] !
Des Frères qui, pour la plupart, étaient de simples artisans et des petits boutiquiers, à l'exemple d'un certain Antony Sayer, premier Grand Maître de la Grande Loge naissante et modeste commerçant de son état ! Leur aventure aurait pu s'arrêter là si un certain Jean-Théophile Désaguliers, immigré français, membre de la *Royal Society*, disciple de Newton, n'avait transformé ce cénacle en la Maçonnerie que nous connaissons, ceci avec l'aide du pasteur Anderson.
Un révérend français et un pasteur écossais comme aiguillons de la nouvelle Maçonnerie anglaise, avouez que cela est piquant !

JAM. : Vous avez la raillerie facile, mon très cher Frère. Je ne vois pas en quoi ces péripéties enlèvent quoi ce soit à notre mérite !

PHIL. : Ce mérite vous est acquis, mais il est bon de replacer les événements dans leur bonne perspective afin d'avoir une plus juste vue des choses et d'éviter ainsi toute mythification hâtive eu égard à cet acte fondateur.

JAM. : Il n'empêche. Nous sommes bien les premiers à avoir ordonné une Maçonnerie spéculative digne de ce nom !

PHIL. : Certes, mais il n'est pas inutile de rappeler que le caractère spéculatif que notre Ordre développera, émergea dans les Loges d'Écosse par l'entremise de « Gentlemen-Masons », étrangers au métier. L'écossais Robert Moray, initié en 1641 en la Loge Mary's Chapel, en est un illustre exemple.

JAM. : Nous revoici en terre d'Écosse ! Vous en faites décidément une obsession ! Et qu'avait votre Robert Moray de si remarquable ?

PHIL. : Non seulement il fut à l'origine de la *Royale Society* qui influença la Maçonnerie naissante, mais il possédait une marque de Maçon Écossais qui se trouve être un pentacle qu'il entourait du mot *Agape*, que l'on peut traduire par « amour fraternel ». Selon ses propres dires, il partait « à la chasse à l'étoile ». Entendez par là qu'il faisait de notre Étoile à cinq branches un

13 Ce qu'en mesure métrique donne 4,30 x 6,50, à savoir 28 m2. Source « The Phoenix masonry. Masonic Museum and Library ».

usage symbolique avant la lettre, qu'il détailla abondamment dans ses écrits.

VOIX *Robert Moray* : « Mon cher Alexandre, sache que mon Étoile était pour les Grecs le symbole de la santé ou de la tranquillité du corps et de l'esprit. J'y ai appliqué cinq autres lettres qui sont les initiales de cinq mots qui forment la somme de la religion chrétienne et de la philosophie stoïcienne et constituent entre elles le doux mot d'*agape*. *Agape*, "amour", est aussi le mot formé par la première lettre, les autres sont *Gnotbi*, à savoir "la connaissance de soi", *Anecho*, à savoir "endure", *Pisteueï*, "avoir confiance" et *Apecho*, "prends de la distance". Les étoiles ne doivent pas être estimées par leur apparence mais par leur situation et leur distance, celles qui sont le plus haut étant sûres de paraître les plus petites, alors qu'il est vraisemblable qu'elles sont les plus grosses, la distance étant la raison donnée ordinairement pour l'apparence de la magnitude. Une autre propriété des étoiles est le secret pouvoir qu'elles ont sur les choses inférieures. Ainsi ma devise *esse quam videri*, "être ce qu'on paraît", rend compte de cette imperceptible gloire que les étoiles rayonnent dans leurs émanations et leurs significations, qui n'apparaissent pas aux yeux qui ne voient que la radiation de leur lumière et de leur beauté. »[14]

Pr HARRY : Nous en sommes, à présent, à déchiffrer les signes célestes ! Pourquoi ne pas s'orienter vers un précis d'astrologie tant qu'à faire et dresser l'un ou l'autre horoscope en prime pour la bonne bouche !

PHIL. : Sachons qu'à la fin du XVIe siècle, la Maçonnerie Écossaise avait développé la pratique de l'hermétisme et de la Kabbale, propre à la Renaissance. Sans omettre l'Art de la Mémoire, introduit en Écosse par Alexander Dickson, un disciple de Giordano Bruno. Dickson qui fut admis à la cour du Roi en 1592 et considéré comme maître en cet Art. Ces bases structurelles spéculatives attirèrent, dans les Loges écossaises, nos « Gentlemen-Masons » issus de milieux intellectuels et scientifiques.

JAM. : (moqueur) L'Art de la Mémoire ? Vous me relatez un Art divinatoire en somme ! Si vous en venez à faire une consultation d'oracle, nous risquons de nous perdre dans les limbes de l'illusion et de la fantaisie !

Pr HARRY : Ah ! Voilà qui est senti !

14 Lettres de Sir Robert Moray à Alexandre Bruce, comte de Kincardine.

PHIL. : Vous n'y êtes pas ! Il ne s'agissait aucunement d'un Art divinatoire, mais d'un exercice mental déjà pratiqué dans la Grèce antique et qui consistait à fixer des phases d'un discours en mémorisant les différentes pièces d'un édifice. On imaginait traverser ces pièces dans un ordre précis qui correspondait à tel ou tel point du discours à prononcer, ce qui permettait de discourir longuement sans support de papier.
Au Moyen Âge, intimement lié à l'apprentissage des Arts libéraux, il était enseigné tant dans les monastères que dans les universités, et cela dans l'Europe entière.
De cette méthode première, nos Maçons écossais en firent une méthode particulière par laquelle l'homme pouvait comprendre l'univers dans sa globalité afin d'en saisir l'essence.
Le Roi Jacques VI décida que la connaissance de cet Art « serait une qualification nécessaire pour devenir membre des Loges écossaises ».
En 1700, la Loge Dumfries nous relate une « Association » où l'on entre pour « agrandir et satisfaire sa curiosité », entendez pour y satisfaire son appétit de la science, où l'on fait état de symboles « appris par cœur », de « Royal Secret », où la Maçonnerie est un « travail d'Équerre », où l'on use de « l'ordre du compas », où les Trois Piliers sont vécus symboliquement, où l'on inclut la philosophie et la divinité dans les sept Arts libéraux.
Rien de tel, à cette époque, en Angleterre !

JAM. : Que faites-vous de notre « Masonry » ? Alias Asmohle qui, en 1646, fut fait « Mason » à Warrington, fut l'un de nos premiers spéculatifs, ne vous en déplaise !

PHIL. : Je ne vous contredirai pas sur ce point. L'usage se pratiquait, en effet, depuis 1630, en marge de la Compagnie des Maçons de Londres dans des sortes de Loges, dites « Acceptation ». Mais les « Masons » dont vous m'entretenez étaient des spéculatifs qui ne spéculèrent guère ! Aucune trace, en effet, d'une pratique symbolique ni philosophique en leur sein à cette époque ![15] Les choses vont cependant changer ! Les quelques *gentlemen*

15 Les « Masonry » en question acceptaient dans leurs rangs des entrepreneurs, des notables et quelques nobles. Le Dr Robert Plot (Historiographe Royal, lecteur à Oxfort, *fellow of the Royal Society*), dans son « Histoire naturelle du Staffordshire » (1686) fait état de cette « Masonry » en ces termes : « Quand quelqu'un est reçu dans cette société, ils convoquent un *meeting* (une réunion) (ou une Loge comme on dit en quelques lieux) qui doit être formé d'au moins cinq ou six des anciens de l'Ordre. Les candidats leurs offrent des gants, pour

anglais qui s'étaient fait accepter dans les Loges écossaises font leur retour en Angleterre, principalement lors de la Glorieuse Révolution de 1688, qui chassa le roi catholique Jacques II Stuart qui sera déposé l'année suivante. Un Roi qui, avec son régiment, trouvera refuge chez moi...

JAM. : Chez vous ?

PHIL. : Eh ! Oui, à Saint-Germain-en-Laye où je réside !

JAM. : Saint-Germain-en-Laye ! Lieu des premières Loges françaises en 1689 ! Si, du moins, il faut porter crédit aux rumeurs...

PHIL. : Rien d'établi, je vous l'accorde. La première Loge dont nous pouvons attester l'existence fut fondée à Paris en 1725, rue des Boucheries... Mais n'abandonnons pas nos *gentlemen* anglais de retour au pays. Ils vont fonder chez eux une Maçonnerie qui n'a plus rien d'opératif. Ils développeront les rituels et les instructions qu'ils vécurent en Écosse.

JAM. : Des rituels importés d'Écosse ! Vous n'êtes pas à une provocation près !

PHIL. : Je m'en voudrais d'insister, mais il serait condamnable de refuser d'admettre que le Rituel du « Mot de Maçon » participe de vos Rituels et que ce ne soit là un emprunt important fait à ces mêmes Loges Écossaises tant honnies par vous.

---

eux et pour leurs femmes, ainsi qu'un banquet selon la coutume du lieu. Cela fait, ils procèdent à la réception, qui consiste principalement en la communication de certains signes secrets, par lesquels ils se reconnaissent entre eux dans toute la nation, ce qui leur permet d'obtenir assistance partout où ils vont. » D'autres structures de type maçonnique apparaîtront en Angleterre, tels les *Friendly Societies*, sorte de « clubs » dépendants de plusieurs Ordres, tels : Ordre des Druides, des Forestiers, des Franc-jardiniers... et des Franc-maçons. En 1737 on trouve une *Friendly Society of Free and Accepted Masons* qui sera rattachée à une Loge *At the swan*. Par ailleurs, il y eut, au XVIe siècle, constitution de « Conseils de Paroisse ». Il s'agissait de fabriques d'église mises en place par la Réforme anglaise et dont le but était la réparation et l'embellissement des églises. Des laïques notables étaient en relation étroite avec les corps de métier engagés pour les travaux. Ces relations ont-elles entraîné l'émergence d'une franche de spéculatifs à l'origine des « Accepted Masons » ? D'autre part, peut-on voir un lien entre ces différentes structures et les Maçons de 1717 ? Rien ne semble l'indiquer. Nous serions plutôt en présence d'organisations qui ont un corpus similaire, mais qui ne cohabitent pas. Voir pour plus de développements sur le sujet, Durr Andrew, « The origin of the Craft », *in Ars Quatuor Coronatorum* 96, London, 1983.

JAM. : Ah ! Non ! Décidément ! Vous devriez porter le kilt, mon très cher Frère, et vous accompagner d'une cornemuse, ça vous siérait mieux !

PHIL. : J'y songerai !

JAM. : Allons ! Dites-en plus sur l'origine supposée de ce fameux « Mot ». On voit bien que cela vous titille la langue !

PHIL. : Puisque vous m'incitez au déballage, soit ! Dans les Loges opératives écossaises, ce « Mot » permettait la reconnaissance d'un Apprenti et d'un Compagnon par nos deux Colonnes, *Boaz* et *Jakin*, les Colonnes du Temple de Salomon. Il s'agissait d'une transmission secrète en vue d'une reconnaissance de métier, ce qui marque son importance.

JAM. : Un « Mot » qui se dilue dans des brumes nordiques particulièrement tenaces et rien ne prouve que nous n'en soyons pas les auteurs !

Pr HARRY : (amusé) Voilà une remarque du meilleur bon sens ! Notre Maçonnerie est pure et sans tache ! Elle n'a nul besoin d'affiliations étrangères !

PHIL. : J'ai eu le loisir, lors de mes nombreux voyages, de faire quelques recherches sur les manuscrits anciens des différents pays visités. Hélas pour vous, mon très cher Frère, les documents que j'ai pu consulter sont sans appel !

Il claque des mains.
Apparition de son VALET, en livrée, d'anciens manuscrits sous le bras, qu'il pose sur le petit guéridon.

Je puis sans doute vous apprendre que le « Mot de Maçon » fit une première apparition en Loge dans les « Lois et Statuts par l'Honorable Loge d'Aberdeen », datés du 27 décembre 1670 et dont voici les minutes.[16]

Le VALET s'empare d'un manuscrit et le montre à James.

Il y est fait état d'un serment prêté à leur entrée par les Maçons, en ces termes...

---

16 Cette date de 1670 reste controversée et pourrait se rapporter à l'année 1699, au vu des dates d'admission de ses membres.

VALET (lisant doctement) : « Quand nous avons reçu le bénéfice du mot de Maçon. »

PHIL. : Ce même « Mot de Maçon » apparaît en toutes lettres afférente à une dépense de cette Loge le 3 février 1699.
Il se retrouve dans ce Rituel d'une Loge d'Édimbourg et qui porte cette mention...

Le VALET s'empare du manuscrit.

VALET (lisant, tout aussi doctement) : « Quelques questions à propos du mot de Maçon 1696. »[17]

PHIL. : Il se trouvera retranscrit dans d'autres Loges Écossaises de cette époque telles les Loges de Kilwinning, de Mary's Chapel, de Dumfries, antérieures, remarquons-le, à la Maçonnerie Anglaise de 1717.

Le VALET a montré à James ces différents manuscrits.

ORATEUR : On peut y adjoindre les manuscrits « Chetwode Crawley » de 1700 et le « Kevan », de 1714.

PHIL. : Prenons les minutes de la Loge de Kilwinning de 1707 qui, par rapport au « cowan », définit celui-ci comme...

VALET (lisant) : « Un Maçon sans le mot ».

JAM. : Pardonnez-moi de vous interrompre un instant, mais quelle particularité avait donc ce Maçon que l'on nommait « cowan » ?

PHIL. : Il s'agissait d'un ouvrier qui n'avait le droit de construire que des murs en pierre sèche, sans utilisation de ciment. Il n'était pas enregistré dans la liste des ouvriers du chantier et il était interdit à un Maçon qui avait reçu le Mot de lui donner du travail. Il y est défini de la sorte dans les célèbres « Statuts Shaw »[18]... « Statuts » écossais s'il en est !

---

17 « Edinburgh Register House ». Manuscrit retrouvé en 1930 dans les Archives d'Édimbourg.

18 Ces Statuts et Ordonnances, du nom du Maître des Travaux du Roi Jacques VI, William Shaw, érigés en 1598 et 1599, avaient pour but une organisation du métier et des Loges qui soit propre à l'Écosse. Par l'élection d'un « scribe », les

Poursuivons sur notre lancée avec les minutes de la Loge Mary's Chapel d'Édimbourg de 1715, qui autorise The Journeymen Lodge à...

VALET (lisant) : « Donner le mot de Maçon. »

PHIL. : Quant au catéchisme de la Loge de Dumfries de 1700, à la question « De quelle manière le Mot apparut-il ? », il est répondu...

VALET (lisant) : « Il fut rapporté au Roi David quand il faisait tailler les pierres dans la montagne, pour reconnaître les ouvriers des travailleurs et il plut à Dieu de rappeler le Roi David, et Salomon lui succéda et il lui fut donné. »

PHIL. : En dehors de ces Loges, toutes Écossaises, ce « Mot », devenu essentiel au Métier, est déjà établi en Écosse en 1637.
Dans le cadre du conflit entre Charles Ier Stuart et l'Église presbytérienne d'Écosse, on accuse John Stewart, premier comte de Traquair, de posséder...

VALET : « Le mot de Maçon parmi la noblesse. »

PHIL. : Il reviendra, encore, à diverses occasions.
En 1638, il est lié aux Rose-Croix, dans cette ode funèbre pour John Gall, du poète Henry Adamson, « The Muses Threnodie », où il y est écrit...

VALET (lisant) :
« Car il est bien précis le présage qu'on voit
Nous qui sommes des frères de la Rose-Croix
Seconde vue et Mot de Maçon nous avons
Les choses à venir bien prévoir nous pouvons. »

PHIL. : Notons que Henry Adamson fut Maçon Accepté de la Loge *Scone and Perth* N° 3[19]. Le « Mot de Maçon » apparaîtra, notamment, dans un ouvrage

Loges enregistreront leurs décisions dans des archives qui nous parviendront. Sept Loges ont laissé des documents qui donnent une vision de la Maçonnerie écossaise de l'époque. Ce sont les Loges Mary's Chapel, Kilwinning, Stirling, Aitchison Haven, Saint Andrews, Haddington et Dunfermline. William Shaw avait fonction de Surveillant Général, ce qui lui donnait autorité sur le métier de Maçon. À ce titre, il pouvait présider toute Loge qu'il visitait, prenant la place du Surveillant en exercice. Sur l'épitaphe gravée sur sa tombe, on le présente comme : « Accompli dans tous les Arts libéraux, il excellait en Architecture. Les princes le tenaient particulièrement en estime pour ses talents manifestes. »

19 Henry Adamson fut maître de chant et doyen de la Guilde des marchands, prévôt de la ville de Perth.

publié en 1653 par *Sir* Thomas Urquhart of Cromarty, sur le langage universel, dans lequel il parle d'un jeune homme...

VALET (lisant) : « Capable, en vertu du mot de Maçon, de faire, sans parler et sans autre signe apparent, qu'un Maçon qu'il n'avait jamais vu vienne le saluer. »

PHIL. : Ou encore, en 1649, où l'Église presbytérienne d'Écosse s'inquiète de la propagation de ce « Mot » chez ses ministres du culte...

VALET : « Il y eut quelque chose de dit dans l'assemblée à propos du mot de Maçon, qu'il fut recommandé de vérifier dans les presbytères. »[20]

JAM. : Laissez-vous entendre par là que des pasteurs possédaient ce « Mot de Maçon » ?

PHIL. : Voyez par vous-même. Voici ce qu'en dit le presbytère de Kelso en 1652...

VALET (lisant) : « Il n'y a ni pêché ni scandale dans ce Mot, car dans les temps les plus purs de l'Église, des Maçons ayant ce Mot avaient été pasteurs, que les maçons et les hommes ayant ce Mot ont été et sont tous les jours dans nos cessions, et nombre de professeurs ayant ce Mot sont admis dans nos assises. »

PHIL. : Ces religieux n'étaient pas les seuls à posséder « ce Mot », il fut également accordé aux membres de la *gentry* qui contrôlaient et protégeaient les Maçons. Un certain révérend Georges Hiekes, chapelain du Duc de Lauderdale, en parlait, en ces termes, dans les années 1670...

VALET (lisant) : « Les seigneurs de Roslin ont été de grands architectes et de grands bienfaiteurs de la construction pendant toutes ces générations. Ils ont le privilège de recevoir le Mot de Maçon qui est un signal secret que les Maçons ont à travers le monde pour se reconnaître l'un l'autre. Ils prétendent qu'il est aussi vieux que la Tour de Babel, quand ils ne pouvaient pas se comprendre les uns les autres et conversaient par signes. D'autres ne pensent pas qu'il soit plus ancien que Salomon. Cependant il existe, et celui qui le possède peut faire venir à lui son frère Maçon sans l'appeler, ou sans que vous perceviez le signe. »

20 Assemblée de l'Église d'Écosse.

PHIL. : Et puisque nous en sommes à relater la construction de la Tour de Babel, c'est bien cette référence qui fut utilisée pour la première fois dans deux manuscrits Écossais datés de 1700...

ORATEUR : Il est fait état ici, par Philippe, des Ms. « Sloane 3329 » et « Dumfries N° 4 ».

PHIL. :... Pour désigner les « mots, signes et attouchements » qui nous sont si familiers. Dans le premier texte à la question « Où fut donné le mot en premier », il est répondu...

VALET : (lisant) « À la Tour de Babylone. »

PHIL. : à la question : « Comment saurais-je que vous êtes un Franc-maçon », il est répondu...

VALET : (lisant) « Par les parfaits signes et attouchements et les premiers points de mon entrée. »

PHIL. : Quant à ce manuscrit de l'ancienne Loge de Dumfries déjà mentionné, il les évoque comme signes de reconnaissance...

VALET : (lisant) « Nemrod créa les Maçons, [...] et il leur enseigna des signes et des attouchements pour qu'ils puissent se reconnaître. »

PHIL. : Concernant Nemrod, l'architecte de la Tour de Babel, les « Anciens Devoirs » en font un Maçon...

VALET : (lisant) « Nemrod entreprit la Tour de Babylone et il enseigna à ses ouvriers l'art de la Maçonnerie à beaucoup de Maçons, plus de soixante mille. Et il leur accordait affection et protection. »

PHIL. : Pour en revenir à notre seul « Mot de Maçon », le pasteur d'Aberfoyle, Robert Kirk, le définissait en 1691, comme étant...

VALET : « Une sorte de Tradition Rabbinique sous forme de commentaire sur *Jachin* et *Boaz*, les deux piliers du Temple de Salomon, assortie d'un certain Signe secret qui se communique de la main à la main, et par lequel ils se reconnaissent. »

PHIL. : Ce faisant, notre pasteur définissait, dans la foulée, l'ensemble de la Franc-maçonnerie opérative Écossaise d'alors... En Angleterre nous ne voyons la référence à ce Mot qu'en 1672 dans un pamphlet du dramaturge et écrivain Andrew Marvell...[21]

VALET : « Comme ceux qui ont le Mot de Maçon, qui se reconnaissent secrètement l'un l'autre. »

PHIL. : Avouons-le, les brumes nordiques s'en trouvent, à cet égard, singulièrement dissipées.

JAM. : (Quelque peu ébranlé) Admettons une légère éclaircie...

Pr HARRY : Fadaises que tout cela ! Pas là de quoi s'enorgueillir !

JAM. : Mais vous négligez de vous appesantir sur les « Old Charges », ces « Anciens Devoirs » des Maçons de métier Anglais que vous venez d'aborder et qui alimentèrent nos Rituels.

PHIL. : Je vous le concède volontiers. Ces textes fondateurs, dont nous avons les premières traces en 1390 avec le « Regius », constituèrent un solide socle à la confection de vos catéchismes et participèrent également des Rituels écossais et irlandais, avant que ceux-ci ne s'en détachassent dans le sillage de William Shaw, pour réapparaître vers 1660.
Voilà pour la bonne mesure !

Pr HARRY : Enfin une juste reconnaissance ! Je commençais à désespérer de ce garçon !

PHIL. : Il faut vous rendre crédit, mon cher Frère James. Vous avez été bien inspiré d'évoquer ces « Anciennes Constitutions », car elles sont éclairantes à plus d'un titre.
Elles sont loin d'être linéaires comme on serait tenté de le penser et plusieurs périodes très différentes dans leur contenu, les caractérisent !
Une première période, qui va de 1390 à 1450, montre nos Maçons opératifs à l'ouvrage ! Période qui mentionne, en effet, des faits contemporains à la construction d'Édifices sacrés, où, en Angleterre, le Style gothique, qu'il serait plus judicieux et sans fausse gloriole, d'appeler « Français », se poursuit par le Style orné, pour se terminer par le Style perpendiculaire !
Mais entre 1425, le Manuscrit « Cook » et 1530, « L'Original perdu », on assiste à un « vide ». La production des « Old Charges » s'est arrêtée !

21 Le « Rehearsal Transposed ».

JAM. : A-t-on des explications de cet arrêt brutal ?

PHIL. : Ce que l'on sait, c'est que ce « vide » correspond précisément à l'abandon des constructions gothiques...

JAM. : La cause en est donc toute trouvée.

PHIL. : C'est ici que les choses prennent une tournure qui pourrait sembler inexplicable. À partir du Manuscrit « Grand Lodge N° 1 », en 1583, on constatera une véritable floraison de textes, alors même que les Loges opératives n'ont pratiquement plus d'existence chez vous, au contraire de l'Écosse, où elles sont en nombre !

JAM. : Voilà qui est, en effet, paradoxal ! Comment comprendre ces soudaines apparitions en dehors des Loges opératives ?

PHIL. : On fera le constat que les « Old Charges » de cette période ont changé de visage.
Le Manuscrit « Grand Loge N° 1 » marque un véritable tournant : Pythagore va disparaître au profit d'Hermès et son « Corpus hermeticum », Hermès qui sera assimilé à Saint Jean Baptiste, patron des Maçons, des erreurs et des anachronismes manifestes seront corrigés, les « *Arts Libéraux* » et « l'éloge de la Géométrie », si prégnantes dans les premiers textes, recevront une tout autre présentation, ainsi, la Maçonnerie sera définie avec précision comme étant une « Géométrie appliquée ».
Aux siècles suivants, ces modifications s'accentueront et se diversifieront.
En un mot, nos spéculatifs sont entrés dans la ronde et ont remplacé les clercs, auteurs des premiers textes. Clercs qui avaient amplifié les anachronismes et le merveilleux, non par ignorance, mais dans un but de Sacralisation des messages portés à la connaissance du Métier. À présent aux commandes, nos spéculatifs se manifesteront bientôt au sein même des Loges Britanniques !
Anderson va pouvoir jouer sa partition sous l'autorité de Désaguliers, fort de ces évolutions qui se soustraient de l'opératif.
Une partition jalonnée de quelques fausses notes savamment orchestrées !
Ainsi parlera-t-il de « constructeurs de cathédrales » afin de donner des lettres de noblesse à la toute nouvelle Maçonnerie, ses « Constitutions » s'érigeront en continuateur des « Old Charges » dans le but d'accréditer l'idée d'une continuation ininterrompue depuis le Moyen Âge...

Ces « Anciens Devoirs », qui sont faits d'une suite de ruptures, comme nous l'avons vu, montrent à suffisance l'iniquité d'une filiation telle que promulguée par Anderson ![22]

Pr HARRY : Philippe ne peut s'empêcher de distiller quelque venin au passage à l'encontre de nos Pères fondateurs ! Peut-on s'en étonner !

ORATEUR : L'auteur mystique René Guenon croyait ferme en une filiation opérative continue depuis l'époque moyenâgeuse, en donnant comme preuve la *Worshipful Society of Free Masons*, une Maçonnerie opérative, pourtant inventée de toutes pièces en 1909 par un certain Clément Stretton.[23] Guenon voyait en cette Maçonnerie, fantasmée en sept Degrés, l'héritière des bâtisseurs de cathédrales.
L'historien anglais Harry Carr, quant à lui, fut à l'origine de la théorie dite de « la transition », qui opérait une « transition ancestrale et ininterrompue » de l'opératif au spéculatif. Cette théorie perdurera jusque dans les années 1970, avant de tomber en désuétude au vu des recherches historiques.

JAM. : Demeurons donc sur le sol anglais, voulez-vous !
Ce qu'on peut poser, sans souci de se fourvoyer, c'est l'apparition du 3e Degré, dans notre « Masonry Dissected » de 1730, que vous avez justement cité comme texte fondateur et dont vous, Maçonnerie Française, vous êtes emparé de la manière dont nous savons !

---

22 L'origine des « Old Charges » est incontestablement opérative et anglaise. Ce sont des codes professionnels et des prescriptions d'ordre moral précédés d'une histoire mythique du métier et qui étaient lus à la réception des Apprentis dans les confréries. Malgré la destruction de manuscrits réalisés en 1720 par des Frères trop zélés, il ne subsiste aujourd'hui pas moins de 113 copies. On pourrait entrevoir quatre périodes différentes afférentes aux « Old Charges » :

- Une première période médiévale où le Métier est très actif, s'étendant de 1390 (le « Regius ») à 1450, constituant la fin des chantiers moyenâgeux.
- Une deuxième période s'étendant de 1450 à 1530 (« L'original perdu ») qui correspond à un vide documentaire inhérent à la cessation des Travaux des grands Édifices sacrés.
- Une troisième période, qui, à partir du manuscrit « Grand Lodge N° 1 » de 1583, voit quantité d'« Old Charges » se répandre sans lien direct avec le Métier.
- Une quatrième période qui, à partir de 1700, voit se développer des catéchismes où apparaissent des éléments symboliques.

23 Bernard Dat a démontré que Stretton s'était livré à une « forgerie ».

Sans oublier la mise en place, dans ce même catéchisme, des « cinq points de la Confrairie ». Nulle intervention de vos Écossais et de leurs Rituels, ou d'hypothétiques Maçons irlandais, lesquels risquent bien de pointer le bout du nez si j'en juge à votre morgue !

ORATEUR : Le Pr Harry tiqua à cette intervention.

Pr HARRY : J'ai le souvenir que Robert Gould a étudié, en 1903, dans le cadre de sa Loge de Recherche *Ars Quatuor Coronati*[24], un manuscrit relatant les minutes d'une Loge anglaise, la *Philo-Musicae et Architecturae Societas Apollini* où un certain Charles Cotton fut passé Maître le 12 mai 1725, si j'ai bonne mémoire. Il apparaît donc qu'un 3e Degré était déjà pratiqué à cette date !
Et on ne peut passer sous silence la plus ancienne divulgation imprimée connue, parue dans le journal londonien, le « Flying-Post or Postmaster », en 1723[25], où le mot « Maughbin » circule entre les Maçons, où une griffe est donnée et où un signe, apparenté au signe de maître, est exécuté avec une main droite sur le côté gauche en dessous du cœur.
Sans omettre, j'en ai peur, ce discours de Francis Drake, Second Grand Surveillant de la Grande Loge d'York, donné « à la Vénérable et Ancienne Société des Maçons Libres et Acceptés », le 27 décembre 1726, qui déclare « que les trois quarts de la terre devraient alors être divisés en Apprentis Entrés, Compagnons de Métier et Maîtres Maçons ».
(se rassurant) Finalement, il importe peu. Il s'agit ici aussi d'apports anglais.

ORATEUR : On pourrait, également, évoquer le manuscrit « Graham » de 1726, anglais lui aussi, qui décrit une « loge de maîtres », au pluriel, ce qui ne peut être confondu avec le Maître de la Loge.

PHIL. : Nulle intervention de la Maçonnerie Écossaise ou Irlandaise, disiez-vous, mon très cher Frère James ? Sauf à vouloir vous contrarier, ce serait sans compter sur une suite de publications, écossaises et irlandaises, précisément, qui précèdent votre « Masonry Dissected » et où un 3e Degré est attesté.

JAM. : J'avais vu juste ! Voilà nos Irlandais en selle !

---

24 Volume 16.

25 Ce document est conservé à la *Bodleian Library* d'Oxford (« Nichols Newspapers » 52A).

Pr HARRY : Manquait plus que ça ! Chetwode Crawley, qui a authentifié ce manuscrit, irlandais bon teint s'il en est, a dû être ravi de voir citer sa chère Maçonnerie Irlandaise !

JAM. : Pouvez-vous être plus explicite dans vos allégations mon Frère ? Où voyez-vous l'apparition d'un 3e Degré dans ces contrées avant son apparition en Angleterre ? Ne confondez-vous pas avec l'un ou l'autre fantôme qui hante ces régions à mystère que vous semblez apprécier tant ? À moins que le monstre du Loch Ness ne vous ait joué un tour à sa façon !

PHIL. : Rien d'évanescent, je puis vous l'assurer, mon Frère ! Tout ce qui a de plus consistant, au contraire ! J'en reviens à ce Manuscrit, daté de 1700, glané lors d'un de mes voyages en Écosse...

Le VALET montre le manuscrit.

ORATEUR : Le « Sloane 3329 », déjà évoqué, qui se trouve au *British Museum*, dans la collection de *Sir* Hans Sloane, apparaît être un écrit écossais, ou d'inspiration écossaise, au vu des dénominations utilisées.
Contrairement à ce qu'affirmait Knoop, Jones et Hamer, le mot « free mason » qui y est utilisé était connu de la Maçonnerie écossaise de cette époque.
On le retrouve en effet en 1636 dans une minute de la Loge Mary's Chapel sous le terme « frie mesones », ainsi que dans les « Old Charges » de Kilwinning en 1670. Ce terme désignait en Écosse, un « Maçon libre ».[26]

PHIL. : Ce catéchisme écossais nous fait part d'une griffe du maître et d'un mot de Maître, « Mahabyn », qui est partagé.
Ou encore ce manuscrit, bien réel comme vous pouvez le voir...

Le VALET montre le manuscrit

Un écrit irlandais, ne vous en déplaise, daté de 1711, que j'ai découvert dans la bibliothèque du *Trinity College* lors d'un déplacement à Dublin[27], où une Loge...

---

26 Voir à ce propos, l'analyse de Louis Trébuchet dans son ouvrage « De l'Écosse à l'Écossisme » Tome I – Volume 2. Collection Fondations. Ubik Éditions 2012.

27 Le manuscrit de « Trinity College », donné ici, se trouve dans la bibliothèque du *Trinity College* à Dublin parmi les papiers de *Sir* Thomas Molyneux.

VALET : « Pleine et parfaite »...

PHIL. : Se compose de...

VALET : « Trois maîtres, trois compagnons et trois apprentis »

PHIL. : Où...

VALET : « Le signe des maîtres est colonne vertébrale, le mot "Matchpin". »

PHIL. : Il s'agit ici du plus ancien manuscrit reconnaissant trois catégories de Maçons, chacune avec ses secrets propres.
Mais ne nous arrêtons pas en si bon chemin !
Ajoutons « The whole Institutions of free-masons opened », publié, eh oui !, en... Irlande, en 1725 par un certain William Wilmot ! On y trouve cette phrase...

VALET : « Votre deuxième mot est "Magboe", et "Boe" est sa réponse, et la griffe au poignet. »

PHIL. : Qui, en l'occurrence, est bien la griffe de Maître... Et cette explication...

VALET : « "Magboe" et "Boe" signifient "Marrow in the bone". »

PHIL. : *Magboe*, proche du mot « Mahhabone » qui apparaissait il y a six années de cela, en 1760, au 3e Degré, dans la pratique des « Ancients » et qui donne une signification similaire... Avec cette précision pour *Magboe*...

VALET : « La Moelle dans l'os, ainsi cachons-nous nos Secrets. »

PHIL. : Poursuivons avec la Loge Écossaise de *Dumbarton Kilwinning* N° 18, qui connaîtra le Degré de Maître en 1726, indépendamment de l'Angleterre. Elle fait état, dans les minutes relatant son installation, en janvier de cette année, de la qualité des Frères présents, parmi lesquels on relevait...

VALET : « Le Grand Maître, sept Maîtres Maçons, six compagnons du métier et trois Apprentis rentrés. »

PHIL. : Elle fera mention d'une élévation au 3e Degré, le 25 mars 1726. Le texte spécifie que le compagnon Gabraël Portefield a été reçu Maître...

VALET : « Après avoir renouvelé son serment et payé son droit d'entrée. »

PHIL. : Les pistes écossaises évoquées ne sont pas les seules pistes envisageables quant à l'apparition de ce Degré.
En 1695, la Loge Hamilton s'est constituée en une incorporation où n'apparaissent que des Maîtres, au nombre de treize d'après les minutes de cette Loge, pour la plupart non-opératifs.
Il n'est pas illusoire de penser qu'un Rituel de Réception de Maître ait pu être confectionné pour donner accès à cette société interne.[28]
Force est donc de constater qu'un Grade de Maître a largement précédé le « Masonry Dissected » de 1730 et qu'écossais et irlandais, dans un premier temps, et anglais ensuite, l'ont amplement illustré, reléguant l'unique apport anglais aux oubliettes. Châteaux hantés et légendes brumeuses sont loin du compte !

JAM. : À vous suivre, notre Maçonnerie se serait emparé du 3e Degré chez ses voisins Immédiats !

PHIL. : C'est effectivement ce qu'aurait pu faire Jean-Théophile Désaguliers à la suite de sa visite en 1721 de la Loge *Mary's Chapel d'Édimbourg*, qui eut l'exclusivité du Degré de Maître à la suite de la scission de cette Loge qui aboutira à la *Journeymen Lodge of Edinburgh* en 1712.[29]

ORATEUR : Albert Mackey, qui fut Grand Secrétaire de la Grande Loge de Caroline du Sud, décrétait, sans ambages, dans son ouvrage « Encyclopedia of Freemasonry », paru en 1874, que le Degré de Maître était apparu en Angleterre graduellement, de 1723 à 1730, date de parution de « Masonry Dissected ».
Dans cette même lignée du « courant andersonien », Goblet d'Alviella affirmera en 1907, dans son ouvrage « Des origines du grade de Maître dans la Franc-maçonnerie », que le 3e Degré fit son apparition en Écosse en 1735 et que cette apparition fut calquée sur « le modèle de la Grande Loge de Londres ».

Un Big Ben résonne.

---

28 Cette évocation se retrouve illustrée dans l'ouvrage de Louis Trébuchet « De l'Écosse à l'Écossisme » Tome I – Volume I. Collection Fondations aux Éditions Ubik 2012.

29 Cette hypothèse est relatée par l'historien Roger Dachez dans « Renaissance Traditionnelle » 91/92.

JAM. : Oh ! *It's tea time* ! Vous ne m'en voudrez pas si nous interrompons un court instant nos échanges. Il y va de notre fierté nationale ! Vous prendrez bien *a cup of tea* ?

PHIL. : Vous ne m'en voudrez pas plus, je suppose, si je préfère à votre breuvage, un bon vieux cognac ! Autre fierté nationale oblige !

Le VALET de James apporte une théière et une tasse et sert son maître. Philippe a sorti une flasque de cognac de son sac de voyage.
Ils trinquent.

JAM. : À la Maçonnerie Anglaise ! Qui, quoi que vous en disiez, demeure la plus authentique.

PHIL. : À la Maçonnerie Anglaise ! Qui, quoi que vous en disiez, est une vierge qui s'est laissée déflorer ! Grand bien lui fit !

JAM. : Vous avez le verbe provocateur, à l'exemple de vos philosophes. Il en coûta beaucoup à votre Voltaire. Prenez garde de prendre le même chemin !

PHIL. : Aucun danger, je me mets sous votre fraternelle protection !

JAM. : Vous voilà à couvert ! Vous semblez bien renseigné, je vous l'accorde. Mais notre petit intermède ne vous a pas donné le loisir d'aborder les « Cinq Points de la Confrairie » dont j'ai fait état. À moins que vous n'ayez quelques réticences à vous y atteler ?

PHIL. : Aucunement. Il est établi que Prichard n'est en aucune façon le concepteur de ces « Cinq Points Parfait de la Maîtrise ».

JAM. : Mais, encore ! Quels arguments probants avez-vous à faire valoir ?

PHIL. : Les voici ! La première description du signe, date de 1696. Il se trouve dans le « Registre d'Édimbourg » déjà cité lors de la réception au second Degré. À la question : « Combien de points du Maçon ? », il est répondu...

VALET : (lisant) « Cinq, soit pied contre pied, genou contre genou, cœur contre cœur, main contre main, oreille contre oreille. »

PHIL. : Il existe des variantes de ces « cinq Points » dans les Maçonneries Anglaises, Écossaises et Irlandaises...

ORATEUR : On peut, en effet, citer, le « Sloane 3329 », Écossais, daté de 1700, le « Trinity College » de 1711, Irlandais, le « Mason's Examination » de 1723, Anglais, ainsi que le « The grand Mystery laid open » de 1726, le « Graham » de la même année, où il y est mentionné en rapport avec le « relèvement » d'un cadavre et le « A Mason's Confession », de 1727, écossais.

PHIL. :... Ces variantes, qui feront lien avec le 3e Degré, sont bien antérieures à votre « Masonry Dissected » de 1730. Il est difficile de ne pas l'admettre.

Pr HARRY : (fronçant les sourcils) Ces échanges prennent une tournure qui ne m'enchante guère ! Gould doit se retourner dans sa tombe ! Une solide rasade de whisky est loin d'être superflue ! Tablons sur un sursaut de James que diable !

Il se sert copieusement de whisky, en avale une gorgée.
Il se ravise, avale une nouvelle gorgée pour se donner courage et poursuit sa lecture.

JAM. : Pour en revenir aux légendes brumeuses, il vous sera, cette fois-ci, difficile de nier que notre « Masonry Dissected » inaugure, dans son 3e Degré, une légende maçonnique, quant à elle, bien établie !

PHIL. : Mon caractère obsessionnel semble rejoindre le vôtre ! Le catéchisme de Samuel Prichard vous inspire définitivement !

JAM. : Ne détournez pas la conversation ! Vous n'êtes pas sans savoir qu'il s'agit d'un écrit qui initie la légende d'Hiram ! On y voit l'assassinat de notre Maître par trois compagnons, ainsi que la découverte de sa tombe, suivit du « Relèvement » de l'Architecte ! Samuel Prichard en est bien le concepteur ! Lui et nul autre ! Et votre ironie ravageuse n'y changera rien !

PHIL. : Devant tant d'impétuosité, on pourrait vous le concéder...

Pr HARRY : (soulagé) Ah ! Voilà un point d'acquis !

JAM. : Je vois que vous revenez à de meilleures dispositions.

PHIL. : N'en doutez pas ! Néanmoins...

JAM. : Non ! Ne me dites pas que vous comptez renchérir ?

PHIL. : Il se peut ! J'aimerais vous êtes agréable, mais le mythe dont vous me faites part, quoi que vous en disiez, ne surgit pas tout tracé de la plume de Prichard.

JAM. : Encore un effet de votre esprit de contradiction ?

PHIL. : Pas le moins du monde, mais je me dois de constater que la légende d'Hiram est loin d'être un perdreau de l'année ! Il y a des précédents.

Pr HARRY : (refroidi) Qu'est ce que ce maudit Philippe va encore nous dégotter ?

JAM. : Des précédents ? Mais où voyez-vous des précédents, sinon dans votre esprit fécond !

PHIL. : Cela risque de vous irriter, mais ces précédents nous les trouvons déjà à l'entame du XVIIIe siècle, dans les minutes de la Loge Dumfries...[30]

JAM. : À nouveau cette Loge Écossaise !

PHIL. : Je m'en vois désolé ! Hiram y est présenté pour la première fois sous ce nom, non pas comme le fils du Roi Hiram de Tyr, mais comme l'Architecte du Temple de Salomon, fils d'une veuve de la tribu de Nephtali et d'un père Tyrien, ce qui n'avait pas été le cas auparavant dans les catéchismes des Loges. Voici de quelle manière il est introduit...

VALET (lisant) : « Son nom était Hiram. Le monde n'a jamais produit son égal à ce jour. C'était un maître Maçon d'une connaissance & d'une générosité exquise. Il était maître Maçon de toutes les constructions & de toutes les constructions du temple & maître de tous les travaux de gravure & de sculpture dans & autour du temple [...] »

JAM. : Si c'est tout ce que vous avez à nous mettre sous la dent, on ne craindra pas l'indigestion !

PHIL. : Une mise en bouche seulement !

---

30 Ce manuscrit fut découvert en 1891 dans les archives de la Loge Dumfries par James Smith, qui en rédigea l'histoire. Il est connu sous l'appellation « Dumfries N° 4 ».

Autre précédent, en guise de hors-d'œuvre, cette fois, ce catéchisme, « Simon and Philip » que l'on peut dater de 1725[31] que j'ai trouvé parmi deux autres manuscrits mentionnant respectivement les dates de 1724 et 1725, qui n'est nullement de la plume de Prichard et où l'on aborde les prémices de la légende d'Hiram...

Le VALET s'en est emparé

VALET (lisant) : « Cela vient d'Hiram, le Grand Maître du Temple de Salomon, assassiné par trois apprentis, achevé par le troisième coup que le dernier apprenti lui donna. Tout cela parce qu'il ne voulait pas leur dévoiler les secrets. »

PHIL. : Y est-il précisé. Concernant ces trois coups, il est fait référence aux trois grands coups frappés à la porte de la Loge par un apprenti entré, introduisant un candidat.[32]

Et ne négligeons pas cette coupure de presse londonienne de 1726, comme plat de résistance, dans laquelle sont annoncées...

---

31 Et non 1740 comme l'avaient erronément daté, dans un premier temps, Douglas Knoop et ses coauteurs, date reprise sans vérification en 1963 par Harry Carr (réapparition fautive dans la deuxième édition de « Early Masonic Catechisms »). Knoop rectifiera pourtant cette erreur de datation en 1944 à la suite d'une analyse plus fouillée du document : « Si les expressions "Règlement Désaguliers", "Anciens Maçons" et "Nouveaux Maçons" sont interprétées dans le sens suggéré maintenant, la version du Dialogue, avec ses notes, pourrait avoir été écrite vers 1725 et non 1740 ».Malgré cette rectification, cette date est encore souvent mentionnée dans des publications. Cette datation a son importance, car elle donne des indications précieuses sur la Maçonnerie de ces années de formation. Une copie de ce manuscrit anglais, « Dialogue Between Simon, a Town Mason & Philip, a Traveling Mason », fut découverte en 1943. Des photographies de l'original furent mises à jour en 1945, provenant de la *Grand Lodge Library* à Londres. Ce texte se trouvait dans un manuscrit comprenant deux autres catéchismes datés respectivement de 1724 et 1725.

32 Nous avons ici le détail des « Trois Coups Forts » frappés à la Porte de la Loge, dont la raison « n'est pas connue des apprentis, mais du maître » : « Phil. Comment avez-vous été admis maçon ? Sim. Par trois coups sur la porte, le dernier à double distance de temps du précédent et plus fort. » Ce troisième coup séparé, correspond au « troisième coup porté par le troisième apprenti » qui « occis » Hiram. L'origine des « Trois Coups Forts » serait à trouver dans le Ms. « Sloane 3329 » (« circa 1700 ») où il est dit : « Un autre signe consiste à frapper à une porte deux petits coups puis en troisième un grand. » Ces textes ne font nulle part état d'une frappe opérée par des tailleurs de pierre sur une pierre brute et qui serait à l'origine des « Trois coups ».

VALET (lisant) : « Plusieurs planches sur l'Ancienne Maçonnerie »

PHIL. : Où...

VALET : « "Une Loge" devra se tenir *at the Ship Tavern.* »

PHIL. : On y voit ces Maçons de Métier s'emparer de cette même légende et cette fois-ci dans le détail.

JAM. : Qu'entendez-vous par « dans le détail » ?

PHIL. : J'entends que sont évoqués, à la fois : le meurtre d'Hiram, fils d'une veuve, tué d'un coup de masse, un rameau de cassia présent sur sa tombe de « trois pieds Est, trois pieds Ouest, et trois pieds Perpendiculaire », tombe qui sera retrouvée. Sont évoqués également, la griffe de Maître, le Mot Giblin, MBN, les trois consonnes du mot de Maître, le Temple de Salomon et sa Chambre du Milieu et la « Règle des trois », qui permet la circulation du Mot de Maître.

JAM. : Ce que vous me dites est pour le moins interpellant, je l'avoue.

PHIL. : Comme dessert je peux vous citer ce manuscrit provenant de Thomas Graham, Maître de Loges et daté du 24 octobre 1726...[33]

Le Valet montre le manuscrit

PHIL. : Un manuscrit qui se trouve être dans la veine des catéchismes irlandais et écossais qui l'ont précédé, où Hiram, le fils de la veuve, est évoqué en rapport avec le Temple de Salomon, où y est décrit un relèvement, en l'occurrence celui de Noé par ses trois enfants, et la première mention de mot substitué, ainsi que l'expression « Marrow in the bone », sans oublier la « Triple Voix », qui permettra la communication des secrets des maîtres Maçons.
Voyez que le mythe d'Hiram n'est pas apparu, comme par enchantement, en 1730, dans votre « Masonry Dissected ».

33 Connu sous l'appellation de « Manuscrit Graham », il fut découvert, dans ses archives familiales, par un Frère, le Révérend Robinson, à ***Londesborough Rectory***, non loin de York. Le chercheur anglais H. Poole en fit l'étude et le publia en 1940 (A.Q.C., vol.50 et 51).

Il est le résultat d'une compilation provenant, en toute vraisemblance, de sources écossaises, irlandaises et anglaises, reprises et agrémentées par Samuel Prichard, ou devrais-je dire, par la Maçonnerie des « Moderns », qu'il divulgue en la circonstance.

JAM. : Trop aimable de lui concéder cette vertu !

PHIL. : Qu'on me permette, cependant, de faire cette autre nécessaire mise au point concernant cette retentissante divulgation anglaise, dont nous ne nous départissons pas... Ne nous manquait-il pas le digestif pour parfaire notre repas ?

JAM. : Qu'en bien même on ne vous autoriserait pas cette permission, je doute fort que vous en teniez le moindre compte !

PHIL. : Si je craignais d'abuser de votre temps, je m'en abstiendrais...

JAM. : Votre compagnie savante, mon Frère, se joue de tous les obstacles ! Mon attention vous est acquise ! Servez-nous donc votre digestif, tout en espérant qu'il ne nous reste pas sur l'estomac !

PHIL. : Entrons dans ce cas, sans regrets, au cœur même de nos préoccupations. Si « Masonry Dissected » correspond à une série de « mots, signes et attouchements » distincts,en lien direct avec trois Degrés tout aussi distincts, il n'en dénature pas moins la Maçonnerie des origines.

JAM. : Voyons ! Il en est l'aboutissement ! Vous nous avez montré à suffisance les différentes étapes disparates qui suggèrent la future élaboration des trois Degrés tels que nous les connaissons. Il s'agissait là de formes primitives, inachevées, que notre Maçonnerie a élaborées !

PHIL. : Détrompez-vous ! Vous commettez là une erreur communément répandue et qui risque bien de perdurer dans le temps !
Nous l'avons vu. Les premières formes de Maçonneries, qui se sont structurées au début du XVIIIe siècle, ne se préoccupaient pas nécessairement de Grades. Ce qu'ils véhiculaient c'était une série de « mots, signes et attouchements » secrets, qui étaient successivement révélés au Maçon lors de sa Progression Initiatique dans l'Ordre, mais sans qu'un Degré ne vienne obligatoirement s'en faire l'écho, comme chez Prichard.

Une « Réception » maçonnique qui avait son propre aboutissement au-delà des actuels clivages en trois Degrés qui nous sont si familiers !

JAM. : J'avoue ne pas bien vous suivre.

PHIL. : Ayons donc vocation à la clarté ! Si nous reprenons les anciens catéchismes déjà évoqués, nous serions à même de retrouver le schéma suivant : deux premiers mots, *Boaz* et sa réponse *Jackin* que nous pouvons rattacher à un 1er et un 2e Degré et qui sont des « mots, signes et attouchements », par *la griffe à la jointure de l'indexe* pour l'un et par *la griffe à la jointure du médius* pour l'autre...

JAM. : Il est vrai que voilà une première progression initiatique par l'entremise du *médius* qui, en tout état de cause, dépasse *l'index*.

PHIL. : La suite ne fera que corroborer votre observation avec le troisième mot en « MB », tel *Magboe* et sa réponse *Boe*, le « Mot des Maîtres », que nous pouvons donc rattacher à un 3e Degré et à des « mots, signes et attouchements », par *la griffe au poignet*, qui précisément nous éloigne du *médius* par une nouvelle progression. Vient ensuite un quatrième mot, *Giblim* et sa réponse est *Excellent Maçon*, que nous pouvons rattacher également à un 3e Degré qui ne dit pas nécessairement son nom et à des « mots, signes et attouchements », par *la griffe au coude*...

JAM. : Qui multiplie la distance au *poignet*...

PHIL. : Exactement ! Et enfin le cinquième mot, le mot « primitif en six termes », *Je suis* et sa réponse est *Jéhovah*, que nous pourrions rattacher à un 4e Degré...

JAM. : Un 4e Degré ! Même en vous suivant aveuglément, il est difficile de vous porter ici crédit !

PHIL. : Comment appeler autrement ce Degré d'Installation Secret du Maître de la Loge, dont les « mots, signes et attouchements », se font par *la Griffe dans le creux des reins* et sa réelle progression par rapport au *coude* ? S'y ajoute une autre expression à ce Grade, *Excellent et Excellent*, et sa réponse *l'Excellence* qui se continue avec les cinq points du compagnonnage des Francs-maçons, lesquels sont désignés comme des « signes spirituels ».

Voyez par vous-même que Prichard, qui était bien informé des usages de la Grande Loge de Londres, n'a pas reproduit cette richesse signifiante d'exécution dans sa structure.

JAM. : Voulez-vous indiquer par là que la Maçonnerie Anglaise aurait inauguré un nouveau 3e Degré dont la progression initiale aboutissait à ce fameux quatrième Grade dont vous me faites part ?

PHIL. : Un 3e Degré inédit à l'exemple d'une Maçonnerie toute aussi inédite, vous y êtes !
Une Maçonnerie qui a effectivement supprimé dans la foulée le quatrième Grade, l'ultime Degré, « L'Installation Secrète du Maître de la Loge » et l'utilité de son « ancien mot de Maître », *Jéhovah*, mot qui donnait accès au Saint des Saints du Temple de Salomon et constituait la Perfection de la Maîtrise. Elle a introduit, pour ce faire, un nouveau Mot en MB, *Machbenah* et une nouvelle signification, « L'Architecte est frappé à mort »...

JAM. : D'où nous vient ce nouveau Mot ?

PHIL. : Il se trouve renseigné dans l'Ancien Testament et plus précisément à « I.Chron.2.49 ».
La Bible calviniste, dite de Barker, donne dans son édition de 1605, la définition suivante : « Machbanai, Mackbenah : mon pauvre fils ou la mort du bâtisseur » ou encore « le bâtisseur est frappé. »

JAM. : Auparavant, qu'évoquaient les Mots en MB ?

PHIL. : Nous les avons abordés. Ils sont apparus vers 1700, avec de nombreuses variantes, telles *Mahabyn, Matchpin, Maughbin, Magboe.* Cette disparité venait du fait que ces mots étaient transmis verbalement par l'interdiction qu'il y avait de les écrire.[34] Ils subirent ainsi des déformations.

JAM. : Et quel serait donc le vrai Mot caché derrière ces variantes ?

PHIL. : En toute vraisemblance nous pourrions tabler sur *Mahhabone*...

---

34 Dans le plus ancien manuscrit à caractère rituel connu, le « Register House » de 1696, il est indiqué, dans le paragraphe se rapportant à « La manière de donner le Mot de Maçon » : « [...] vous ne le mettrez par écrit à aucun moment, ni ne le dessinerez à la pointe d'un sabre ou de quelque autre instrument sur la neige ou sur le sable, ni n'en parlerez, si ce n'est à un maçon entré, ainsi que Dieu vous aide. »

JAM. : Le Mot qu'on retrouvera reproduit par les « Antients » en 1760.

PHIL. : Je vois que vous suivez mes explications !

JAM. : Du moins je m'y attelle !

PHIL. : Pour revenir à votre demande initiale, ces Mots originels évoquaient la corruption du corps et des os que la chair quitte ou qui contiennent encore de la moelle. Le sens de *Mahhabone* donné par nos « Antients » étant : « Presque pourri jusqu'à l'os ».[35]

JAM. : Pourquoi ce changement de sens initié par ma Maçonnerie ? Quelle est donc sa raison d'être ?

PHIL. : L'introduction de ce nouveau Mot, *Machbenah* et sa signification, « l'Architecte est frappé à mort », permettait l'assassinat d'Hiram en tant qu' Architecte.
N'ignorons pas qu'Anderson, dans ses Constitutions, qualifia le « grand Vitruve », de père de tous les architectes, ce qui montre l'importance nouvelle octroyée à cette charge !
Machbenah plaçait le Maître d'Œuvre Hiram, au Centre du processus Initiatique, éclipsant par la même occasion l'invocation de *Jéhovah*, le Père, au profit de la « résurrection » du Fils, personnifié par le même Hiram...

JAM. : Vous prétendez qu'Hiram a été conçu par notre Maçonnerie à l'image de Jésus-Christ ?

PHIL. : Relisez l'Évangile selon Matthieu qui relate la passion et la résurrection du Christ, et les points de comparaison avec l'Architecte Hiram ne vous échapperont pas...

---

35 Dans « The Three Distinct Knocks », première divulgation du rituel des « Antients ». Ce Mot de Maître, « Mahhabone », a, cependant, une traduction de l'hébreu que Michel Saint-Gall traduit par « Qui est l'Architecte (ou le bâtisseur) ? ». Patrick Négrier, exégète de la Bible, dans son Étude « La Lettre G suivi de Le Mot Sacré de Maître et les Cinq Points du Compagnonnage », chez Detrad Paris 1990, répond à cette question par : « le bâtisseur, emprunté à Ps.147.2, désigne Adonaï. » Il va plus loin en affirmant que le Mot Sacré de Maître revient « à poser sous des formes différentes une même et unique question, « Qu'est-ce qui est comme Dieu ? », dont la réponse, selon l'auteur, se trouve dans la phrase de Jésus sur la Loi du Talion (Mt. 5.43-48) : est comme Dieu celui qui est parfait, la perfection étant d'aimer son prochain comme soi-même.

À partir des rituels des « Maçons Antédiluviens » et de la figure de Noé, ainsi que de son « relèvement » par ses trois fils, dont nous nous sommes entretenus dans le « Graham », votre Maçonnerie a pu transformer ce terreau en une autre terre fertile...
Sans omettre l'influence de la figure de Nemrod, l'Architecte-maçon du temple de Babylone, ainsi que celle de Betsaléel, le Constructeur du tabernacle de l'Arche d'Alliance, qui précédèrent tous deux Hiram comme Bâtisseur !
Mais poursuivons notre analyse et venons-en à la lettre G qui devient « Géométrie » ou « God » chez Prichard, en lieu et place de *Giblim*, « Excellent Maçon » ou « Tailleur de Pierre » et apparaît au Grade de Compagnon.
Giblim, qui, dans l'ancienne Maçonnerie, précédait « L'Installation Secrète du Maître de la Loge » mais qui, sous l'impulsion de vos compatriotes, deviendra un simple mot de passe.
Dans le même temps, vous isoliez ce 3e Degré des deux premiers Degrés en supprimant la cohérence d'un système ancien basé sur la Progression Initiatique, dès le 1er Degré, dans le Temple de Jérusalem, celui de Salomon, du Porche du Temple où se situe la Loge, au Saint, en passant par le Vestibule, pour se terminer, en *Maître Parfait* dans le Saint des Saints.
Quatre parties du Temple pour quatre Grades... ou plus exactement pour cinq Progressions Initiatiques basées sur cinq « Secrets » dont je vous rappelle les arcanes : *Boaz* et sa réponse *Jakin*, *Magboe* et sa réponse *Boe*, *Giblim* et sa réponse *Excellent maçon*, *Je suis* et sa réponse *Jéhova*, *Excellent et Excellent* et sa réponse *l'Excellence*.
Le mot *Giblim*, désigné comme étant « The Jérusalem Word », « Le Mot de Jérusalem », était pourtant le parfait garant de cette « Progression » dans le Temple de Salomon.
La Maçonnerie anglaise des « Moderns » faisait là cavalier seul et œuvre d'innovation !

ORATEUR : Différences d'approches qui apparaissent déjà en 1725 dans le « Dialogue entre Simon et Philip » qui montre des distinctions apportées entre « Anciens maçons » et « Nouveaux maçons sous le règlement de J.T. Désaguliers » qui fût Grand Maître de la Grande Loge de Londres en 1719 et Député- Grand Maître en 1722,1723 et 1725.
Elles se trouveront confirmées par une coupure de presse londonienne datée de 1726 ayant trait à une convocation des « Maçons Antédiluviens »,

« montrant quelles innovations ont récemment été introduites par le Docteur et quelques autres des Modernes... ».
Il y est question de la lettre G, de l'utilisation de ruban, lettres amovibles, Étoiles Flamboyantes, sur l'antiquité des signes, Attouchements, Points, Griffes, jointures, poignets...

JAM. : Si je suis votre pensée, c'est le Temple de Salomon qui constituerait le fil d'Ariane de nos prédécesseurs. D'où leur vient cet attrait ?

PHIL. : Pour répondre à votre question, nous devons remonter jusqu'à Saint Augustin !

JAM. : Vous semblez vouloir vous hisser au niveau du Pasteur Anderson, qui, dans ses « Constitutions » fit remonter notre Maçonnerie jusqu'à Adam !

PHIL. : Mon affirmation a des assises documentaires plus solides !
Il y a chez vous une véritable culture du Temple de Salomon.
Bède le Vénérable et son « De Templo Salomonis », écrit dans les années 720 et inspiré de Saint Augustin, participait déjà de votre pensée.
Il fit son apparition dans les « Old Charges » dès 1425, avec le « Cook ».
La littérature anglaise de la deuxième moitié du XVIIe siècle présentait un Temple spiritualisé. Songeons à Samuel Lee et son « Orbis Miraculum or the Temple of Solomon », de 1659, ainsi que John Bunyan et son « Solomon's Temple Spiritualised » de 1688.
John Milton, quant à lui, propose d'intérioriser le Temple dans la conscience de chacun, lieu où s'exerce le culte de Dieu. Les termes qu'il emploie pourraient faire allusion à la Franc-maçonnerie...

VALET : (lisant) « La Divinité n'aurait-elle pas posé son fil à plomb ou encore son niveau sur l'âme de l'homme. Dieu n'aurait-il pas voulu, avec des outils comme l'équerre et le compas composer en l'homme les belles formes des vertus ? »

PHIL. : Francesco Giorgi (1466-1540) précéda ces auteurs. Il pensait que la théorie de l'architecture de Vitruve avait une signification religieuse qui était reliée au Temple.

Ce Temple de Salomon spiritualisé se retrouvera en Franc-maçonnerie dans un catéchisme écossais de 1700 qui à présent nous est familier : « Le Dumfries ».[36]
Dans la partie consacrée aux « Questions concernant le temple », il est fait allusion à « la vraie église spirituelle » à travers un descriptif symbolique rattaché au Mystère du Temple et qui a pour vocation à ce que « l'Ancien et le Nouveau Testament se joignent » à travers la figure du Christ.

JAM. : Vous avez mentionné un « système ancien », une « Ancienne Maçonnerie », qu'Anderson aurait déformé. Par cette présentation, vous faites bien allusion aux catéchismes qui se sont répandus au début de ce siècle dans les îles britanniques et que vous avez amplement illustré ?
Pour que l'on soit bien au fait, vous ne nous entretenez pas de la Grande Loge, dite des « Antients », constituée en 1751 ?

PHIL. : En aucune façon ! *The Ancient Grand Lodge* provient d'un mouvement de Maçons d'origine Irlandais connu seulement vers 1739. Les troubles de 1746 en Irlande provoquèrent une émigration massive de ces Anglo-irlandais qui rentrèrent au pays et trouvèrent en Angleterre une Maçonnerie qui ne leur convenait aucunement, après un passage par la Maçonnerie Irlandaise...

JAM. : Des Anglais expatriés, dites-vous ?

PHIL. : Vous m'avez compris ! L'Irlande s'avérait être une colonie anglaise depuis le XVIe siècle. Des Anglais, de confession anglicane, se réunissaient en Loge, notamment à Dublin.
Dublin d'où est originaire leur chef de file, Laurence Dermott. Ils se firent appeler « Antients », suivant en cela l'adage selon lequel « on n'est jamais si bien servi que par soi-même » et par opposition qualifièrent votre Maçonnerie de « Moderns » dans le but de la disqualifier.
Mais leur système, similaire par nombre de points à celui d'Anderson, contrairement à ce qu'ils affirmèrent, réactualisé pareillement en trois Degrés distincts, ne correspondait pas plus à « l'Ancienne Maçonnerie » que vos propres Rituels.

JAM. : Une vive querelle les opposa pourtant et elle est toujours en cours en cet an 1766.

36 Voir note (29).

PHIL. : Une querelle bien vaine au vu des réelles différences entre les deux factions en lice ![37]

Pr HARRY : Du révisionnisme, à présent ! Rien ne nous sera donc épargné !

PHIL. : La Maçonnerie d'avant Prichard était constituée d'anciennes structures londoniennes fortement appauvries, qui avaient peine à se réunir et dont on a d'ultimes traces éphémères vers 1725. Ils se font appeler « Old Masons » ou encore « Antediluvian Masons » et vous qualifie de « New Masons », de « Free or Accepted Masons ». Si le terme « Moderns » fait une timide apparition dans ces documents, il sera consacré par nos « Antients » irlandais quelque vingt ans plus tard.

JAM. : Observons que Jean-Théophile Désaguliers et Anderson sont venus à propos pour revitaliser cette Maçonnerie en déroute. Les Lumières qui se sont répandues dans nos contrées ne sont pas étrangères à ce renouveau. Elles apportèrent dans leur sillage la tolérance, les vertus morales et la bien-

37 L'auteur de la divulgation du Rituel des « Antients », « Three Distinct Knocks », un profane d'origine allemande (« près de Berlin »), écrit dans l'introduction, que ce qui distingue la Maçonnerie Anglaise de celle des « Antients » de toutes celles de tous les pays (au demeurant « toutes identiques ») n'est qu'un détail du grade de Maître. Le détail en question est « L'Installation du Maître de Loge ». L'auteur de ce pamphlet dit avoir été à Londres, membre de Loges autant « Modern », qu'« Antients » dans lesquelles il dit s'être introduit clandestinement. La Loge de Recherche Laurence Dermott abonde dans le sens de ces observations dans un article du 9 décembre 2012 intitulé « Nouvelles lumières sur un conflit fondamental de la Maçonnerie Anglaise » : « En 1778, dans une édition des Constitutions, Laurence Dermott dresse une liste de griefs que les "Anciens" lancent contre les "Modernes". Seul celui de l'abandon ou de l'ignorance de l'Installation secrète des VV MM, installation capitale puisque, dans le système des "Anciens", elle ouvre la voie à l'Arc royal, est crédible. De fait, l'installation est inconnue en Angleterre – du moins n'en existe-t-il aucune attestation documentaire – avant 1760 et la divulgation des "Trois coups distincts". Mais en dehors de cette accusation, les autres griefs manquent singulièrement de fondements documentaires et sont mêmes contraires à tous les documents connus. Il en est ainsi de :
1. l'abandon des prières pendant les cérémonies maçonniques.
2. l'abandon de la célébration des fêtes de Saint-Jean.
3. l'inversion de l'ordre des Mots Sacrés. »
Alain Bauer et Roger Dachez reprennent ces mêmes constats dans leur ouvrage « Les Rites maçonniques anglo-saxons » 2011, « Que sais-je » chez PUF, au chapitre I consacré à ce thème.

faisance dont notre Maçonnerie est un pur produit, en s'appuyant sur une paix civile retrouvée !

PHIL. : Certes, c'est là votre plus grand mérite ! Et ajoutons à ce panel, la *Royal Society*, qui en constitua l'armature et à laquelle appartenait Désaguliers, ainsi qu'Isaac Newton, intimement lié à la *New Philosophy*, la Philosophie naturelle.

JAM. : Vous ne pouvez donc nier que nos « savants Docteurs » ont apporté à notre Maçonnerie leur érudition par une connaissance biblique et littéraire approfondie.

PHIL. : Il est vrai. Une Maçonnerie plus adaptée aux « Spéculatifs » qui s'en étaient emparés à la suite des boutiquiers et petits artisans de la première heure. Nous pourrions à ce propos revenir sur votre réunion du 24 juin 1717 qu'il serait plus judicieux de reporter en 1721 et sous une autre forme...

JAM. : Pourquoi reporter notre acte fondateur en 1721 ! Et sous quelle autre forme la voyez-vous ?

PHIL. : J'entends une Maçonnerie qui s'était émancipée sous l'égide de son Grand-Maître, le Duc de Montagu et qui s'imposera au reste de la Maçonnerie Londonienne à cette date...
Pour tout dire, une Maçonnerie au service de la *Gentry* et dont les visées politiques n'étaient pas absentes.

JAM. : Des visées politiques ?

PHIL. : En donnant ses lettres de noblesse à la Grande Loge de Londres, nos « savants Docteurs » comme ils furent nommés, inséraient leur Ordre dans la mouvance hanovrienne de l'époque. Ils étaient tous deux proches du pouvoir protestant.
Les sermons virulents du Révérend Anderson fustigent les papistes et encensent le roi Georges de Hanovre[38], Désaguliers, bien en cour, tient la famille royale informée des derniers développements en matière de pensées philosophiques. La Grande Loge de Londres fera allégeance au Roi en l'assurant de « son zèle envers la personne de Sa Majesté et son gouvernement ».

38 Voir à ce propos « A Sermon Preached on the National Faft-Day » du 16 janvier 1712, ainsi que « No King-Killers » du 30 janvier 1715.

Dorénavant il faudra compter avec elle et l'avenir nous montrera que son influence ne fut pas négligeable.
Mais par un manque de connaissance des véritables enjeux initiatiques de l'Ancienne Maçonnerie, ils en ont falsifié les données premières et n'ont en rien songés à en faire une organisation initiatique et symbolique.

JAM. : Vous avez fait état de notre date de fondation comme étant de pure invention. Dans ce cas, pourquoi avoir choisi précisément cette année 1717 et dans quel but ?

PHIL. : 1717 assoit solidement la dynastie des hanovriens en Angleterre après la tentative avortée des Rois catholiques de remonter sur le trône en 1715. Quant au but, il s'agissait d'apporter à la Grande Loge de Londres à peine éclose, des assises mythiques, en partant des Loges de métier. En inventant une réunion de quatre Loges à la taverne « L'Oie et le Grill », la Grande Loge donnait l'illusion d'un partage massif de ces « Old Masons », ce qui dans les faits était loin d'être probant au vu des critiques acerbes émises par ceux-ci envers les « New Masons »...

JAM. : Je dois bien avouer que les éléments dont vous m'avez fait part, jettent un trouble sur ma Maçonnerie,... et particulièrement dans mon esprit !

PHIL. : On pourrait y voir un trouble plus grand encore !

JAM. : Décidément, vous excellez en l'art de l'intrigue ! Quel lièvre comptez-vous encore lever ? Vous m'inquiétez !

Pr HARRY : Tout ce fatras est extravagant ! Ce n'est pas un lièvre, mais bien une couleuvre que ce rebelle compte nous faire avaler !

PHIL. : Certaines idées reçues pourraient bien trouver ici leur terme.
Ainsi, que diriez-vous si je vous exposais que la progression Apprenti, Compagnon et Maître, suivie de Grades Supérieurs est purement fictive ? Autrement dit, que la séparation originelle entre Loges, dites « Bleues » et « Hauts-Grades » n'avait aucune raison d'être ? Qu'en ces temps de formation, tout pouvait joyeusement se mélanger ? Et que dans les premiers catéchismes structurés, des éléments placés quelques années plus tard au-

delà du 3e Degré, se trouvaient déjà dans les textes originels, intégrés dans l'ensemble du processus initiatique ?[39]

JAM. : Je vous répondrais que, cette fois-ci, vous auriez plus qu'abusé du digestif !

PHIL. : Aurais-je abusé de votre breuvage inoffensif, que le constat en aurait été identique !
L'Installation du Maître de la Loge, le fameux quatrième Grade que votre Maçonnerie avait écarté, n'en aurait pas été moins liée au contenu de plusieurs Grades contemporains !
Nous pourrions prendre l'exemple du « Royal Arch »...

JAM. : Notre « Royal Arch » ?

PHIL. : Le « vôtre » ? Comme vous y allez ! Son origine reste encore bien mystérieuse : irlandaise, anglaise... voire française pour les plus audacieux...

JAM. : Dont vous êtes, je suppose !

PHIL. : Pour ma part, je me garderais bien de confondre audace et témérité aveugle, et il est bien plus vraisemblable que notre Maçonnerie s'inspira, à cet égard, des pratiques du Royaume de Grande-Bretagne !

JAM. : Dans cet ordre d'idée, il serait peu charitable de négliger notre apport propre !

PHIL. : Je vous l'accorde. Cette Cérémonie d'Installation dont j'ai fait état fut pratiquée par le Grand Maître de la Grande Loge de Londres, le Duc de Wharton, en 1723 et désignée dans les « Constitutions d'Anderson » comme

---

39 Pierre Mollier écrit à ce propos, dans le numéro 175, juillet 2014, de « Renaissance Traditionnelle » : « Premier point, l'idée d'une séparation originelle entre "grades symboliques" et "hauts-grades" n'est pas pertinente. Contrairement à ce que l'on a longtemps pensé, il n'y a pas eu d'abord fixation des trois premiers grades puis, ensuite, quelques années plus tard, création des hauts grades. Dans le grand chaudron des années 1696-1730, apparaissent progressivement, dans les îles britanniques d'abord, en France ensuite, et peu après dans le reste de l'Europe et aux États-Unis d'Amérique, des éléments dont certains seront intégrés – parfois de façon différente selon les lieux et les époques – dans les grades d'Apprenti, Compagnon et Maître et d'autres dans ce qui deviendra les "autres grades". »

étant celle « d'un cérémonial particulier conforme aux anciens usages », ce qui marque une antériorité !

JAM. : Ah ! Vous voyez !

PHIL. : Mais comme je vous l'ai précisé, votre Maçonnerie n'en continua pas la pratique !
Une désaffection qui leur fut tant reprochée par les « Antients »...
Et il serait tout aussi peu charitable de ne pas envisager l'apport irlandais qui l'aurait précédé et dont semble s'être inspiré Wharton, si proche de la Maçonnerie irlandaise, lui qui eût des fonctions à la Chambre irlandaise des Lords ! Il n'est pas illusoire d'y voir là le rejet par votre Maçonnerie d'une disposition aux origines irlandaises !
Il est, en effet, question du « Royal Arch » en premier lieu dans ces contrées, et ce dès 1729, cité par un certain Dr Fifield d'Assigny. Tandis que la première mention documentée date de 1743 lors de la parade à Dublin de la Loge Youghall n° 21, à l'occasion de la Saint-Jean.
L'Angleterre, quant à elle, n'en fera part qu'en 1745...
Quoi qu'il en soit, il apparaît que « L'Installation Secrète » qui nous occupe fut une partie d'une forme primitive du « Royal Arch » laquelle, par la suite, eut sa destinée propre. Forme primitive qui aurait été la découverte du Mot Ineffable, « depuis longtemps perdu dans une crypte »...[40]
Le Mot *Giblim*, dont nous avons montré l'importance, et sa signification *Excellent Maçon*, est le qualificatif qui, en ce siècle, désigne un Maçon de l'Arc Royal... C'est cette Arcade, cette Pierre d'Arc ornée de la lettre G, pour *Giblim*, que les « Moderns » firent disparaître...
Avouons, qu'à la lumière des différents points abordés, « l'authenticité anglaise andersonienne » que vous revendiquez à cor et à cri, s'en trouve singulièrement écornée !

---

40 Selon Bernard Jones (A.Q.C., 67, 1954) Robert Gould « aurait connu certains éléments du rituel » de la Loge ***At the Devil's Tavern***, Loge « Écossaise » de Londres (1733), affirmant que le thème aurait été « la découverte du Mot Ineffable, depuis longtemps perdu, dans une crypte, par des Croisés écossais ». Il s'agirait ici d'une forme primitive du grade de l'Arc Royal. Gould ajoute plus loin que ces Grades « Écossais » contiennent des éléments, non seulement de l'Arc, mais aussi de la Marque et qu'ils auraient traité vers 1740 du thème de la reconstruction du Temple sous la conduite de Zorobabel.

JAM. : Et si nous parlions, à présent, de votre Maçonnerie Française et de ses honteuses altérations ? Vos arguments pourraient bien se tarir ! Et votre superbe perdre de ses atours...

PHIL. : J'allais vous en prier !

Pr HARRY : Ah ! Cette fois-ci, Philippe risque bien de se trouver dans l'embarras. La soirée se prolonge !

Le Pr. se lève et rajoute une bûche, avec entrain, dans la cheminée.
Le Majordome fait son entrée, un plateau à la main.

MAJORDOME : (endormi) Votre infusion à la camomille, *Sir*.

Pr HARRY : (refusant) Merci, John, merci ! C'est d'un remontant dont j'aurais plutôt besoin ce soir ! La Maçonnerie française a encore fait des siennes, John ! Ces Maçons français n'en ratent pas une ! Non seulement ils mettent tout sens dessus dessous, mais, en surplus, ils sont d'une suffisance à faire pâlir un paon !

MAJORDOME : (faisant sa sortie, indifférent) Bonne nuit, *Sir*.

Pr HARRY : (tout à ses pensées) Bonne nuit, John, bonne nuit... (arrêtant son regard sur le Gramophone) Un petit air de Gramophone serait le bienvenu en écho à cette partie qui s'annonce enfin réjouissante... Et pourquoi ne pas porter son choix sur une musique militaire revigorante en souvenir de mon très cher Robert Gould qui s'était engagé très tôt dans l'armée et servit avec distinction comme lieutenant en Chine du nord...

Il va au Gramophone, met un disque et actionne la manivelle.

MUSIQUE militaire

Regimental Quick March - The British Grenadiers - Coldstream Guards Regimental Band

Il reste debout, bat la cadence sur la musique

Fin de la MUSIQUE

(s'asseyant en marmonnant) La Maçonnerie française et son outrecuidance ! Parlons-en ! Une Maçonnerie qui supprima la croyance au Grand Architecte de l'Univers et à l'immortalité de l'Âme, alors qu'il s'agit là du « premier et du plus important *landmark* », voilà une Maçonnerie qui mérite peu d'égards ! Gould, qui était membre du Comité nommé par la Grande Loge Unie d'Angleterre pour examiner la position du GODF qui se proposait à supprimer cette invocation, la condamna fermement au titre d'innovation !

ORATEUR : Ce que ne dit pas le Pr Harry au fort de sa vindicte, c'est que ce *landmark*, considéré comme le « premier et le plus important » *landmark* par Gould, est une ajoute condamnable.
Il n'apparaît, en effet, nulle part et fut inventé de toutes pièces par la Maçonnerie anglaise. Seuls deux *landmarks* furent jamais évoqués, à savoir le rétablissement des deux Colonnes inversées, *Jakin* et *Boaz* et la Cérémonie d'Installation du Grand-Maître, jusqu'à ce que l'historien William Brown Hextall proclamât qu'il n'y avait pas *two*, deux *landmarks*, mais *true*, de véritables *Landmarks*, croyant à une coquille dans les procès-verbaux de la Loge de Promulgation mis sur pied en 1809, *two* ayant été mis pour *true*.[41]
Une affirmation qui ne se vérifiera pas, mais qui permit aux *Landmarks* de se multiplier comme des petits pains, ce dont ne se priva pas d'user la Grande Loge Unie d'Angleterre.

Pr HARRY : Poursuivons allégrement ! Et Haro sur la Maçonnerie française !

Il se rassied et reprend sa lecture.

JAM. : Nous pourrions aborder votre « Catéchisme des Francs-maçons », paru en 1744, suivi du « Nouveau Catéchisme des Francs-maçons » en 1749, qui sont d'évidentes fumisteries, tous deux édités sous le pseudonyme de Gabanon, mieux connu sous le nom de Louis Travenol, un journaliste plus que douteux. Ont-ils donné foi à la fumisterie de Travenol, en ignorant l'ex-

41 Chetwode Cralwey remettra les pendules à l'heure. À la demande de l'historien Hughan concernant l'affirmation de Hextal, il répondit : « [...]the explanation seems superfluous, in view of the known facts. [...] The language is unmistakable. Only two landmarks were in question. The first [...] by recognising and redressing the "Variations" in the preparatory E.A and F.C. Degrees ». Voir à ce propos l'étude très documentée, comme à son ordinaire, d'Alain Bernheim « La Franc-maçonnerie, l'Angleterre et les mythes ».

istence de la version originale de Prichard et sa traduction en français parue en 1738 ? Le principal souci de ce Travenol était de flatter un public avide de sensationnel. Sa recherche n'était pas celle de la vérité. Il traitait la Franc-maçonnerie avec dérision. Pour preuve, la page de titre. Elle est édifiante : le livre est édité à Jérusalem, chez l'auteur, rue des Maçons, au Niveau d'Or, entre l'Équerre et le Compas, et à Limoges, chez Pierre Mortier, rue du Plâtre, à la Truelle Royale, vis-à-vis de l'Auge Couronnée. 1440 depuis le Déluge. Avec Approbation et Privilège du Roi Salomon.

ORATEUR : Cette intervention de James fait part de la position de la Grande Loge de Belgique eu égard à la Maçonnerie française de la première moitié du XVIIIe siècle.[42]

Pr HARRY : Goult fit remonter à cette même époque les « premières innovations dans les Rituels en France » ! À juste titre !

PHIL : Je vous trouve bien en verve ! Sachez cependant que ce journaliste dont vous me faites part et que vous me présentez comme étant un fumiste est également un écrivain bien connu sur la place de Paris. Il se trouvera faire l'objet de dédicaces élogieuses émanant de l'illustrateur Lebas, auteur de divers Tableaux de Loge française. On peut lire, sous ses reproductions...

VALET : (exhibant une illustration de la « Série Lebas » de 1745) « Dédiée au très Galant, très sincère et très véridique Frère profane Leonard Gabanon, Auteur du "Catéchisme des Francs-maçons". »

42 Commission des Rituels de la Grande Loge de Belgique. « À propos de la Batterie du Maître », sous l'inspiration du Frère Marc B.

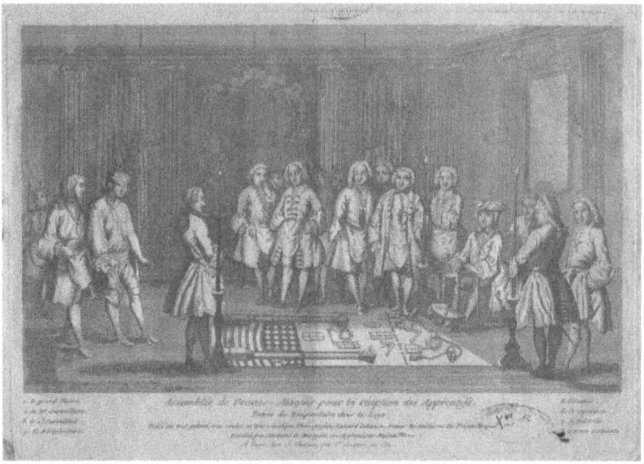

PHIL. : Voilà qui est bien loin du portrait que vous m'en faites ! Quant à la page de titre du « Catéchisme des Franc-maçons » dont vous vous moquez, on trouve ces désignations dans d'autres manuscrits de cette époque relatant la Maçonnerie française.

Le valet exhibera les différents manuscrits cités.

Voici « L'Anti-Maçon », édité en la Ville Sainte et « Le Sceau Rompu », à Cosmopolis ou, encore, « Le Vray Rose-Croix », daté de cette année 1766, premier manuscrit relatant « Les plus secrets Mystères des Hauts-Grades » et édité, je vous le donne en mille... à Jérusalem !
La raison de ces désignations est simple. Elle tenait à l'obligation d'anonymat de l'auteur.
N'oublions pas que notre roi Louis XV avait interdit toute réunion maçonnique et ce, à partir de 1736. La prudence était plus que de mise ! S'ensuivront des éditions dans des lieux imaginaires avec quelquefois des dates imaginaires, comme nous en avons un exemple avec la mention dont vous faites état : « 1440 depuis le déluge ».
Sans négliger l'aspect symbolique que ces dénominations appellent et qui ne peuvent vous échapper.
Mais l'essentiel est l'apport de ces catéchismes pour la Maçonnerie, ainsi que d'autres divulgations françaises, sur lesquelles il faudra bien revenir.
Loin d'être des déviations, certaines de ces divulgations apporteront aux Rituels des éléments essentiels.

De 1730, date de la parution de votre « Masonry Dissected », jusqu'en 1760, date de la parution de la Maçonnerie des « Antients » avec « The three Distinct Knocks », nous l'avons vu, aucun supplément n'a été apporté à la Maçonnerie anglaise par vos compatriotes.
Les points de Maçonnerie engrangés, l'ont été, principalement, par la Maçonnerie française, sans que les Maçonneries des autres pays se doivent d'être dépréciées.

JAM. : J'aimerais que vous me donniez des exemples de ces apports. Je ne doute pas de vos difficultés d'en trouver !

Pr HARRY : (un sourire en coin) Cette fois-ci, James accule Philippe dans ses derniers retranchements ! Ce qui, avouons-le, est loin de me déplaire !

ORATEUR : Le Pr Harry dût vite déchanter.

PHIL. : Détrompez-vous. Les exemples sont légion. Dans les manuscrits de Gabanon, alias Travenol, que vous présentez comme étant un fumiste, nous pourrions citer l'apparition de l'ouverture d'une Loge qui est absente de votre catéchisme et ne fera son apparition en Angleterre qu'en 1760 dans « Three Distinct Knocks ».
S'y trouve, également développé, au 3e Degré, le canevas du meurtre d'Hiram que votre « Masonry » ne fait qu'esquisser et qui sera complété par une autre de nos divulgations parue en 1745, « L'Ordre des Francs-maçons trahi », attribué à l'Abbé Pérau, qui en dramatisera le contenu.
On découvre, pêle-mêle, dans ces œuvres...

VALET : (lisant une liste) « Le cercueil, le compas ouvert à l'est et l'Équerre présente à l'ouest, avec larmes et tête de mort, os en sautoir, branche d'acacia et le mot *Jéhovah*, cercueil sur lequel est étendu le Maître, bras gauche le long du corps, le droit replié sur la poitrine, la main ouverte sur le cœur, les doigts serrés, le pouce à l'équerre, couvert par le tablier relevé, le visage caché par un linge teinté de sang. »

PHIL. : Pointons encore, les Trois Voyages, qui n'apparaissaient pas non plus chez Prichard, la mention « la chair quitte les os » dus à l'Abbé Pérau, sans omettre la « Marche en trois Pas » de « l'Équerre au Compas » au-dessus du cadavre d'Hiram, suivie du relevage, ainsi que la « Batterie en neuf », le tout dû à Travenol, que vous vouez avec une telle force, aux gémonies...[43]

ORATEUR : Par son refus de reconnaître la Maçonnerie française de cette époque dans la lignée du « courant andersonien », la Grande Loge de Belgique niera la pertinence de la « Batterie en neuf », ainsi que l'Âge et la Marche à ce Degré.[44]

PHIL. :... Sans vouloir vous indisposer outre mesure, le signe d'Horreur, ou du moins son ébauche, est également à mettre à l'actif du même Travenol !

JAM. : N'en jetez plus, mon cher Philippe, je me rends ! La coupe est largement pleine !

PHIL. : Point encore, mon cher James, point encore ! Il reste l'une ou l'autre goutte au fond de mon flacon !
Il convient, j'en ai peur, de faire état du Mot de Passe du 2e Degré, qui permettait « à s'assurer d'autant mieux les Frères que l'on ne connaît point ». Il n'est pas inutile de mentionner, au passage, que l'usage des Mots de Passe aux trois Degrés est inconnu de la Franc-maçonnerie anglaise originelle.
Citons encore les trois coups frappés à la porte du Temple aux références évangéliques : « Demandez et vous recevrez. Cherchez et vous trouverez. Frappez et on vous ouvrira », sans oublier la description des Travaux de Table et l'utilisation des épées.

---

43 « Le Catéchisme des Francs-maçons » de Travenol, mentionne : « Le Grand-Maître de la Loge vous salue par trois fois trois ». La « Batterie en 9 » trouvera son origine avérée en 1745 dans « L'Ordre des Francs-maçons trahi », attribué à l'Abbé Pérau qui a servi, entre autres divulgations françaises, de référence au Rite français. « Le Régulateur du Maçon » (1801), canon obligé du Rite français, fait état, au Degré de Maître, de la « Batterie en 9 », en ces termes : « Après l'annonce, le T.·R.·. frappe neuf coups de maillet, formée en la batterie d'apprenti répété trois fois ; les Surveillants en font autant, après quoi, le T. R.·. dit : "À moi, mes Frères". Tous les Frères ayant les yeux sur le T.·R.·., font le signe de maître, et l'applaudissement par neuf, qui est celui d'apprenti répété trois fois. Enfin le T. R.·. dit : "Les travaux de maître sont ouverts". »

44 « Règle des Trois Degrés ». « Rituels minima » à observer, prévu par l'Art. 22 de la Constitution, voté par l'Assemblée de la Grande Loge le 22 février 1997. Ainsi que « À propos de la Batterie du Maître » par la Commission des Rituels sous la plume du Frère Marc B. Sur base du « courant andersonien », La Grande Loge de Belgique inaugurera un Âge, une Batterie et une Marche axés sur un seul Nombre.

ORATEUR : Une suite d'éléments qu'on retrouvera dans le plus ancien Rituel français connu, « Le Vrai Catéchisme des Frères Francs-maçons », dit de Lucquet et reproduits en 1801 dans le « Régulateur du Maçon », le canon obligé du Rite Français, élaboré sous l'impulsion de Roëttiers de Montaleau, par le Grand Orient de France, sur une période allant de 1783 à 1801.
En termes d'altération, c'est plutôt aux Rituels des « Antients » à qui reviendrait ce qualificatif, si, du moins, on suit le raisonnement du courant « andersonien » qui voit dans la Loge des Moderns « l'authentique » Maçonnerie originelle.
Mais ces approches françaises n'eurent pas la faveur de Gould et de ses émules et dès lors ne convinrent pas, non plus, au Pr Harry.

Pr HARRY : Voilà de belles envolées de Philippe qui sentent le soufre à plein nez ! Porter crédit à ces balivernes françaises n'honore pas la Maçonnerie ! Il convient de se détacher au plus vite de ces hérésies !

JAM. : Nous voilà bien gavés, mon très cher Frère. Que de matière accumulée ! J'en ai le tournis ! Que pensez-vous d'un intermède musical qui nous égaierait quelque peu ?

PHIL. : Que du bien mon très cher Frère ! Même si le doux nom de Frère suffit, ne dit-on pas que la musique adoucit les mœurs ?

JAM. : On le dit ! (faisant un signe à la Colonne d'Harmonie) Que la musique éclose en nos cœurs !

MUSIQUE

Concerto for violoncello, strings and basso continuo in B flat major op. 1 N. 4 (1760) – The Avison Ensemble

JAM. : Revenons à nos brebis égarées après cette envolée musicale, mon très cher Frère. Ce que vous m'avez énoncé est bel et beau, mais notre Maçonnerie n'a pas eu vent de ces ajouts français dont vous m'avez fait part.

PHIL. : Pardonnez-moi, mon très cher Frère James, mais vous n'y êtes pas !
« La Réception d'un Frey-maçon », du Lieutenant Général de police Hérault, qui décrit une Initiation à Paris en 1737, paraîtra à Londres en 1738 sous le titre « The Mystery of Masonery ».

Quant au « Nouveau Catéchisme des Francs-maçons », de votre « ami » Travenol, pardonnez ce persiflage, il fut édité en Angleterre il y a deux ans, en 1764, sous le titre « Hiram or the Grand Master Key ».
Le texte de l'Abbé Pérau parut sous l'intitulé « A Master Key to Free-Masonery » en 1760. Notre « Maçon démasqué » de 1751, autre divulgation française, vient de sortir de presse, en cette année 1766, traduit sous le titre « Solomon in all his Glory or the Master Masson ».

JAM. : À vous suivre, vous n'allez pas tarder à m'apprendre que le Rituel de nos « Antients » irlandais, « The Three Distinct Knocks », est d'essence française !

PHIL. : Je pourrais vous répondre par l'affirmative, mais il s'agirait d'une pure provocation !
Précisons toutefois que « The Three Distinct Knocks » fera des emprunts à notre « Ordre des Francs-maçons trahi », qui le précède. Le mot de passe du 2e Degré, en est un exemple déjà cité.
La parution du Rituel des Moderns, « Jackin and Boaz » en 1762 fera le constat, quant à lui, d'emprunts mutuels, ce que les faits accréditent à suffisance !

JAM. : Vous semblez prendre pour argent comptant cette foule de publications. Il s'agirait là de pures affabulations de votre part.

PHIL. : Je vous l'accorde. Il faudra bien avouer que toutes les divulgations françaises ne sont pas à prendre en considération et que d'aucunes sont de parfaites fantaisies. Il nous suffit de désigner celles qui sortent du lot et dont je vous ai fait part.
Ajoutons que, en dehors de ces écrits qui sont de pures toquades, peuvent surgir des contributions atypiques, tel ce « Parfait Maçon » de 1744, qui semble provenir de milieux maçonniques, qui tâcheront de brouiller les pistes et de jeter le discrédit sur les divulgations qui déferlent en France depuis 1737, ceci dans un but d'éloigner des Loges des profanes trop curieux.

ORATEUR : Harry Carr, dans « The Early French Exposure », refusera d'admettre les apports français ou les minimisera, maintenant fermement le mythe anglais instauré par Gould un siècle plus tôt.

PHIL. : Il faudra vous résoudre à accepter, relativement aux deux Maçonneries, que si votre Maçonnerie fut exportée en France vers 1720, les visites réciproques des deux groupes se pratiquèrent par des installations en France de Loges sous patente Anglaise, voire constitués de Maçons Irlandais, telle la Loge de Bordeaux en 1732, et de Loges constituées de Frères français en Angleterre dès 1723 et peut-être avant la fondation de la Grande Loge de Londres, et qu'il y eut, lors de ces contacts fraternels, des échanges de Rituels.

ORATEUR : Dans son article « The Lectures of English Craft Freemasonry », paru dans « Ars Quatuor Coronaty 79 » en 1966, P.R. James écrit...

VOIX *P.R. James* « Après 1760 une nouvelle série de divulgations anglaises fit son apparition, toujours sous la forme de catéchismes. Plus longues que les premières, purement d'origine spéculative, et influencées par les divulgations françaises, elles-mêmes largement élaborées sur la base de Prichart. Une partie du contenu précédent avait disparu, remplacé par des demandes et réponses plus descriptives des cérémonies, et par des éléments de morale et de symbolisme. »

ORATEUR : L'historien Roger Dachez, Président de l'Institut Maçonnique de France, parla en ces mêmes termes de cette période de formation de la Franc-maçonnerie lors de son intervention à la Convention du Rite Français du 6 mai 2006...

VOIX *Roger Dachez* : « On s'aperçoit, quand on regarde les premiers textes français et ce, jusqu'en 1751, année de l'apparition de la Grande Loge des Ancients, d'une chose très simple et qu'il faut rappeler. Jusqu'en 1751, il n'existe rigoureusement aucune différence entre le rituel maçonnique anglais et le rituel maçonnique français. C'est le même. C'est-à-dire que la tradition maçonnique initiale de la Maçonnerie spéculative s'est forgée dans les cinquante premières années du XVIIIe siècle à partir d'un ensemble de rituels qui étaient uniques, communs à l'Angleterre et à la France. ».

ORATEUR : Le Maçonnologue Pierre Mollier, Rédacteur en chef de la « Revue d'Études Maçonnique et Symbolique Renaissance Traditionnelle », abonde également dans ce sens dans le numéro 175 de juillet 2014...

VOIX *Pierre Mollier* : « Il faut insister sur la dynamique ayant existé entre les Maçonneries britannique et française, et constater combien la Maçonnerie Française a eu d'influence au XVIIIe siècle. Dans cette perspective, il semble bien que l'étude des origines de la Franc-maçonnerie "non opérative", et de son évolution tout au long du XVIIIe siècle, gagne à être conduite dans une perspective franco-britannique. »

ORATEUR : L'importante figure qu'était le chercheur René Guilly qui travailla, jusqu'à sa disparition en 1992, sur les origines de la Franc-maçonnerie, déclarait en 1986...

VOIX *René Guilly* : « Il faut voir l'intérêt considérable qu'il y a pour nous à remonter aux sources de la Maçonnerie anglaise et de la Maçonnerie française, parce que la Maçonnerie spéculative est très évidemment anglaise et française. »[45]

PHIL. : Mais j'aimerais revenir un instant sur « L'Installation Secrète du Maître de la Loge » dont je vous disais qu'il fût lié au contenu de plusieurs « Hauts Grades ».
Je vous citais comme exemple le « Royal Arche ».
À présent, je me dois de faire intervenir notre Maçonnerie dans ce même processus !

JAM. : Je finirais par croire que vous me menez par le bout du nez si vos développements documentés n'éveillaient en moi le doute !

PHIL. : Le doute est un ferment qu'il convient de cultiver ! Il permet de nous interroger ! Une interrogation qui nous mène à faire le constat que notre Maçonnerie française a retrouvé dans les textes premiers de la Maçonnerie

---

45 René Guilly, qui signait ses publications sous le nom de René Désaguliers, fut fondateur de la « Revue d'Études Maçonniques et Symboliques Renaissance Traditionnelle ». Il passa son existence à rechercher les sources de la Franc-maçonnerie. Il avait publié, dès 1961, pour la première fois en France, une étude intitulée « Notes sur la Cérémonie ésotérique d'Installation des Maîtres de Loge ». En 1991, peu avant sa mort, il arriva à cette conclusion : « ... J'ai continué à travailler et je dirais [...] que le système fondamental de la Maçonnerie est un système à cinq mots dont le mot de Maître Installé fait partie ». Il ajoutera : « L'ordre dans lequel ces mots se sont propagés, leur répartition entre les grades est quelque chose de très mouvant ». Poursuivant les réflexions de celui qu'il considère comme étant son « Maître », Roger Dachez estimait qu'à partir de ces cinq mots « on a fait quatre grades, dont l'un est attaché à une fonction particulière de la Loge ». Il précisera sa pensée en ces termes : « Ce quatrième Grade, c'est celui du Maître de la Loge, et il faut, en effet, pour le reconstituer seulement Cinq Mots qui pourraient, eu égard à l'inspiration qui en est le fondement, se réduire à Un seul ».

britannique que j'ai relatés, des éléments qu'elle fît figurer dans ses « Hauts-Grades ».

JAM. : Et j'ai la conviction que vous allez m'en fournir des exemples !

PHIL. : Vous lisez en moi comme dans vos « Constitutions » !
Prenons « L'Écossais des 3 JJJ », qui fut élaboré en 1740. Ce Grade permettait de retrouver « l'ancien Mot de Maître » en *J*, à savoir *Jéhova* et ce faisant, autorisait l'Installation du Candidat dans la Chaire, ce qui est l'aboutissement de notre fameux quatrième Grade.

JAM. : Votre Maçonnerie aurait donc eu accès aux premiers catéchismes, ceux qui ont précédé « Masonry Dissected » ?

PHIL. : Cela en prend réellement le chemin ! Emparons-nous du « Maître Parfait » pour nous en convaincre, également daté de 1740. Voilà un Grade qui associe le mot *Jéhova*, découvert dans le Saint des Saints, au mot *MB* et à la lettre *G* et qui permet également l'Installation dans la Chaire.
Rappelons-nous la progression initiatique de l'Ancienne Maçonnerie dans le Temple de Salomon, du Porche du Temple au Saint des Saints...
Et cet autre Grade, dit de « Perfection », le « Vray Maître et Ecossais » daté de 1745, où le récipiendaire est « Maître Élu » avec la présence de l'ancien et du nouveau mot en *MB*, montrant son caractère archaïque.
Ou cet « Écossais anglais » qui, après avoir donné le mot *Giblim*, donne à son titulaire le droit de diriger les Travaux de la Loge.
Autant d'éléments qui se rapportent à la Maçonnerie d'avant Prichard et que nous avons développés dans des Grades ultérieurs.
Dans tous ces cas, où les « Maîtres » sont *d'Excellents Maçons*, ces Grades mettaient un terme à la Maçonnerie.

JAM. : Je ferai preuve de la meilleure bonne foi, mon très cher Frère. Je dois admettre que vos nombreux attendus ne me laissent pas de marbre et je dois bien concéder qu'ils ne manquent pas de pertinence. Mais ne vous réjouissez pas trop vite. Ils ne rencontreront pas toujours cette bienveillance.

PHIL. : Mon très cher Frère James, ma propre destinée est de peu d'importance. Quant à la Maçonnerie, elle pourrait nous réserver des surprises dans le futur...

JAM. : Il faut bien avouer qu'avec vous, les surprises vont bon train ! Abreuvez-nous de votre dernière trouvaille...

PHIL. : Une simple projection sur la comète, mon Frère ! Qui sait. Peut-être la Maçonnerie retrouvera-t-elle un jour cette Progression Initiatique dont nous avons vu les développements et qui fût délaissée par la Maçonnerie anglaise de 1730. Peut-être que sur cette base même, en incluant vos apports...

JAM. : Trop aimable !

PHIL. : ... Et les apports français...

JAM. : Ne me dites pas que vous n'arrivez plus à me surprendre !

PHIL. : Peut-être, dis-je, que d'autres structures nouvelles apparaîtront en faisant fi des actuelles barrières entre Loges dites « Bleues » et « Hauts-Grades ». Ne dit-on pas que le chantier reste ouvert ?

ORATEUR : Les siècles suivants ont vu des tentatives poindre pour retrouver ces structures originelles.
Roëttiers de Montaleau, en codifiant le Rite Français en 1801, se détournera cependant de son « Rite Primordial » par différents points. Il s'appliquera à assigner au Rite une place spécifique selon le Régime du Grand Orient de France. Il en fera, dans cette optique, un Rite empreint de raison, essentiellement mythique, symbolique et allégorique, où toute source ésotérique des premières Maçonneries se voit proscrite.
Fort de ses Travaux sur les prémices de la Franc-maçonnerie, René Guilly confectionna des Rituels, dont le but était de « rétablir » l'essence même des Rituels des origines.
Il s'écarta pourtant fortement des premiers arcanes de « l'Ancienne Maçonnerie » par un savant remodelage. L'historien Pierre Noël y voit plus « une reconstruction archéologique à la Viollet-le-Duc ».[46]

46 L'architecte-restaurateur Eugène Viollet-le-Duc (1814-1879) créa la controverse par des rénovations d'Édifices religieux, que ses détracteurs qualifièrent de romantiques et d'arbitraires, en trahissant l'esprit de ce qu'avait voulu l'architecte-concepteur du monument. Il déclarera : « Restaurer un édifice, ce n'est pas l'entretenir, le réparer ou le refaire, c'est le rétablir dans un état complet qui peut n'avoir jamais existé à un moment donné. » Parmi les nombreuses rénovations que l'architecte a eu l'occasion de faire, certaines ont soulevé de véritables polémiques, allant de la cathédrale Notre Dame de Paris à celle

En 1972, dans la mouvance des idées de René Guilly, naîtra le Rite Opératif de Salomon, à l'issue d'un travail de recherches sur la Maçonnerie opérative et sur le Compagnonnage, mené par un groupe de Francs-maçons du Grand Orient de France. Cette recherche conjointe, opérative et compagnonnique, aboutira à un Rite peu conforme aux réalités maçonniques premières où le Compagnonnage à la française, ici parodié, n'avait pas le droit de cité.
Toutes ces Maçonneries privilégieront une Progression Initiatique axée uniquement sur des Degrés et une distinction entre « Loge Bleue » et « Hauts-Grades ».

JAM. : Comme vous le dites, le chantier reste, en effet, ouvert. Le futur pourrait voir surgir différentes Maçonneries, dont la vôtre, qui par leurs diversités, satisferont l'ensemble de nos Frères en devenir !
Il se peut, mon Frère, que vous soyez en avance sur votre temps. Et cela étant, vous risquez de trouver un certain nombre d'écueils sur votre chemin avant de vous faire entendre, sans préjuger de la censure, qui pourrait bien vous guetter.
Pour en revenir à vos audacieuses démonstrations, gardons en mémoire ces deux dictons : « Toute vérité n'est pas bonne à dire » et « Il n'y a pire sourd que celui qui ne veut entendre ».

ORATEUR : Le Professeur Harry leva la tête du manuscrit, le regard vague.
Il ôta ses lunettes. La moustache fournie qu'il arborait fièrement, en imitation de son mentor Robert Gould, lui tombait lourdement sur les lèvres, accentuant sa mine déconfite.
Il ne lut pas les derniers échanges, qui reproduisaient la fin du texte de 1725 « Dialogue Between Simon and Philip », qui inspira cet Essai fiction. Des échanges qui réunissaient James et Philippe dans une Fraternité partagée.

JAMES et PHILIPPE se sont levés.

JAM. : *How many Pillars had your Lodge* ?

PHIL. : Trois

JAM. : *What did you call them then* ?

---

d'Amiens, de la réhabilitation de la basilique Saint-Sernin à Toulouse à celle du château de Pierrefonds.

PHIL. : Beauté Sagesse et Force

JAM. : *What do they represent* ?

PHIL. La Beauté pour orner, la Force pour soutenir et la Sagesse pour entreprendre

JAM. : *What Lodge are you of* ?

PHIL. : De la très Vénerable Loge de Saint Jean

JAM. : *How many Signs has a Free Mason* ?

PHIL. : Cinq.

JAM. : *What do you call them* ?

PHIL. : PEDESTRE-MANUEL-PECTORAL-GUTTURAL-ORAL

ORATEUR : L'émule de Gould se leva, se planta devant la cheminée.
Les flammes rougissaient son visage.
Il lança, sans hésiter, le manuscrit dans le feu.
Personne ne devait être mis au courant de ces révélations.

Le Pr HARRY s'est exécuté.

LES ÉCLAIRAGES DES DEUX SCÈNES SE SONT ESTOMPÉS

ORATEUR : Le dernier quart du XXe siècle verra l'émergence d'historiens dits de « l'École authentique ».
On peut citer, entre autres, les chercheurs et historiens Alain Bernheim, Roger Dachez, Pierre Noël, André Kervella, Bernard Dat, Louis Trébuchet, Hugues Berton et Christelle Imbert ; des auteurs universitaires tels que Pierre Mollier, Margaret C. Jacob, David Stevenson, Robert L. D. Cooper, Cécile Révauger, Irène Mainguy, Philippe Langlet, Pierre-Yves Beaurepaire, Dominique Jardin.
Dans le même temps, la maçonnologie s'est développée.
Aux Pays-Bas et en Belgique, des lieux universitaires sont dédiés à la question maçonnique, tel le CIERL pour la Belgique, rattaché à l'Université Libre de Bruxelles.
En Angleterre le *Center for Research into Freemasonry University of Sheffield* a vu le jour en 2001.
En France une « Université maçonnique » a été mise sur pied.
Les Loges de Recherche se sont multipliées.
Leurs études respectives contribueront à se faire fissurer ce Temple, si soigneusement élevé à la gloire de la seule Angleterre.

VOIX *Grande Loge de Belgique* : « L'évolution de la pensée ou les transformations sociétales peuvent conduire d'autres hommes à considérer l'œuvre première comme incomplète, non homogène, ou devenue inefficace. Notre Ordre nous incite à une perpétuelle remise en question : personnelle avant tout, mais également dans tous les domaines qui nous touchent.
Inévitablement, ceux qui par la volonté de leurs Frères, se trouvent en charge de l'étude de la Tradition seront amenés à en vérifier l'adéquation et la solidité. »[47]

ORATEUR : Laissons la conclusion au chercheur Alain Bernheim, Membre de la Loge de Recherche Anglaise *Ars Quatuor Coronati N° 2076.*

---

47 « Histoire et spécificité du Rite Moderne de la Grande Loge de Belgique ». Études de la Commission des Rituels 2003-2004.

Il pointe les héritiers du « courant andersonien » dans son article daté d'avril 1999, portant sur « La Franc-maçonnerie, l'Angleterre et les mythes ».

VOIX *Alain Bernheim* : « Ce sont peut-être ces Maçons-là, les pires ennemis de l'Ordre. Les courtisans anglomanes dont les exclusives font écho aux errements des Grandes Loges Anglaises d'autrefois et rendent haïssable l'Ordre dans lequel ils ont été admis. "Ces gens-là ne sont pas reconnus comme Maçons", écrivait le Grand Secrétaire Heseltine à propos des "Ancients". "La différence fondamentale et essentielle entre la Franc-maçonnerie Anglaise et les Franc-maçonneries continentales c'est que ces dernières ignorent ce qu'est un Franc-maçon" peut-on lire dans l'article d'"Ars Macionica". Des mots qui ne méritent que le silence de l'oubli. »

MUSIQUE

It's a Long Way to Tipperary – de John Mc Cormack (1914)

BIBLIOGRAPHIE

ANONYME, *A Dialogue between Simon, a town mason & Philip, a traveling mason*, London, 1725.

ANDERSON, J., *The Constitutions of the Free-Masons*, London, 1723, édition augmentée (1738).

BALZANO, G., DECHARNEUX, B., GRANJON, E., (dir.), *Ésotérisme et initiation*, Fernelmont, EME, 2010.

BERNHEIM, A., *Une certaine idée de la franc-maçonnerie*, Paris, Dervy, 2008.

BERTON, H., IMBERT, C., *Les Enfants de Salomon*, Paris, Dervy, 2015.

BLONDEL, J.-F., *Des tailleurs de pierre aux Francs-maçons. Mythe ou réalité ?*, Paris, Jean-Cyrille Godefroy, 2013.

BORD, G., *La Franc-maçonnerie en France des origines à 1815*, Genève-Paris, Slatkine, 1985.

BOURLARD, T., DESMET, F., *La Clef écossaise. Une enquête sur les origines de la Franc-Maçonnerie*, Film (DVD), Paris, Véga, 2007.

CARR, H., *An Examination of the Early Masonic Catechisms*, Lodge of Research, Leicester, Bros. Johnson, Wyke and Paine, 1946.

CHEVALIER, J., GHEERBRANT, A., *Dictionnaire des symboles. Mythes, rêves, coutumes, gestes, formes, figures, couleurs, nombres*, Paris, Robert Laffont/Jupiter, 1982.

CHEVALLIER, P., *Histoire de la franc-maçonnerie française*, Paris, Fayard, 1974.

CHEVALIER, P., *Les ducs sous l'acacia, ou les premiers pas de la Franc-Maçonnerie française 1725-1743*, Paris, Vrin, 1964.

COOPER, R. L. D., *Rosselyn, splendeurs, mythes, réalités*, Paris, la Hutte, 2011.

CROSSLE, P., HERRON LEPPER, J., *Histoire de la Grande Loge des Maçons Anciens et Acceptés d'Irlande*, Dublin, 1987.

DACHEZ, R., *L'invention de la franc-maçonnerie. Des opératifs aux spéculatifs*, Paris, Véga, 2008.

DACHEZ, R., *Pierre Vivantes*, Blog maçonnique [en ligne]. Le blog de Roger Dachez, URL : http://pierresvivantes.hautetfort.com/.

DAT, B., « Un rituel ancien de l'Arc Royal entre France, Angleterre et Irlande » in *Renaissance Traditionnelle*, n. 179, juillet 2015.

DESAGULIERS, R., *Les Pierres de la Franc-maçonnerie*, Paris, Dervy, coll. « Renaissance traditionelle », 1995.

DIVULGATIONS FRANÇAISES :

ANONYME, *Le Parfait Maçon*, Paris, 1744.
ANONYME, *Le Franc-maçon écrasé*, Paris, 1747.
ANONYME, *Le Maçon démasqué*, Paris, 1751.
ANONYME, *Jackin et Boaz*, Paris, 1762.
HÉRAULT, *La Réception d'un Franc-maçon*, Paris, 1737.
PERAU, *L'Ordre des Francs-maçons trahi*, Paris, 1745.
TRAVENOL, *Le Catéchisme des Francs-maçons*, Paris, 1744.
TRAVENOL, *Le nouveau catéchisme des Francs-maçons*, Paris, 1749.

GOULD, R.-F., *History of Freemasonry*, London, Thomas C. Jack, 1882-1887.

GOULD, R.-F., *The Concise History of Freemasonry*, London, Thomas C. Jack, 1910.

GRANDE LOGE DE BELGIQUE, *Les Trois Degrés*, 1997.

GRANDE LOGE DE BELGIQUE, *Histoire et spécificité du Rite Moderne de la Grande Loge de Belgique*, 2004.

GRANDE LOGE DE BELGIQUE, *Les fonctions des Officiers Dignitaires*, 2000.

GRANDE LOGE DE BELGIQUE, *Usages maçonniques*, 2002.

GRANDE LOGE DE BELGIQUE, *Rituel de Grande Loge*, 2009.

GRANDE LOGE DE BELGIQUE, *La disposition du Temple*, 2000.

GRANDE LOGE DE BELGIQUE, *À propos de la Batterie du Maître*, 2008.

GRANDE LOGE DE BELGIQUE, *G-info.*

GRANDE LOGE DE FRANCE, *Rituels en trois Degrés*, Paris, 2012.

GRANDE LOGE NATIONALE FRANÇAISE, *Loge Nationale de Recherche Villard de Honnecourt.*

GRAND ORIENT DE FRANCE, *Cahiers des Rituels des Trois Degrés*, Paris, 2002

GRAND ORIENT DE FRANCE, *Le Régulateur du Maçon*, Institut d'Études et de Recherches maçonniques IDERM, Hérédom, 1801.

GUIGUE, C., *La Formation Maçonnique*, Mons-en-Barœul, Guigue Christian, 2000.

HAMILL, J., *Masonic history and historians*, London, AQC 99, 1986.

JACOB, M. C., *Les Lumières Radicales*, Los Angeles,University of California, 2014.

JARDIN, D., *La tradition des Francs-maçons*, Paris, Dervy, 2014.

KERVELLA, A., *La passion* écossaise, Paris, Dervy, 2003.

KERVELLA, A., *La légende des fondations*, Paris, Trédaniel, 2005.

KERVELLA, A., *Réseaux maçonniques et mondains au Siècle des Lumières*, Paris, Trédaniel, 2008.

KNOOP, JONES, HAMER, *The early Masonic catechisms*, London, AQC, 1975.

KNOOP, JONES, HAMER, *The genesis of Freemasonery*, London, AQC, 1978.

LANGLET, P., *Les sources chrétiennes de la légende d'Hiram*, Paris, Dervy, coll. « Bibliothèque de la franc-maçonnerie », 2009.

LANGLET, P., *Lecture d'images de la Franc-Maçonnerie* », Paris, Dervy, 2013.

LIGOU, D. (dir.), *Dictionnaire de la franc-maçonnerie*, Paris, Presses universitaires de France, 1987.

LIGOU, D., *Constitutions d'Anderson*, Paris, Edimaf, 1998.

LOGE NATIONALE FRANÇAISE, *Loge d'Étude et de Recherche William Preston.*

MÈRE ÉCOSSAISE DE L'ORIENT D'AVIGNON, *Rituel de 1774*, Bibliothèque du Musée Calvet, Ms 3089.

MAINGUY, I., *La symbolique maçonnique du troisième millénaire*, Paris, Dervy, 2006.

MATHONIERE, J. M., *Le plan secret d'Hiram*, Paris, Dervy, 2012.

MOLLIER, P., *Rassembler ce qui est épars*, Blog maçonnique [en ligne], Le bloc-notes de Pierre Mollier, URL : https://pierremollier.wordpress.com/.

NÉGRIER, P., *La lettre G suivi de Le Mot Sacré de Maître et les Cinq Points du Compagnonnage*, Paris, Detrad, 1990.

NESLANY, G., « Le Rite Moderne-A propos du Rite de la GLB », *Loge Info*, n. 39, juin 2003.

NOËL, P., *Introduction au Rite Moderne*, Grande Loge Régulière de Belgique, annuaire 1983.

NOËL, P., *Genèse et signification du Rite Écossais Ancien en Accepté pour les Degrés symboliques*, Grande Loge régulière de Belgique, annuaire 1984.

NOËL, P, *Guide des maçons écossais : A Edinbourg 58 Les grades bleus du REAA : genèse et développement*, A l'Orient, 2006.

OLD CHARGES (1390-1729), *Regius*, Cooke, Loge de Melrose, Loge Mary's Chapel, Sloane 3848, Registre d'Édimbourg, Herliain 2054, Loge Aitchison Haven, Chetwode Crawley, Dumfries n. 4, Sloane 3329, Trinity College, Kevan, The whole Institutions of free-masons Opened, Graham, Stanley, A Mason's Examination, Essex, A Mason's Confession, Wilkinson, The Grand Mystery laid open, The Grand Mystery of Free-Masons discover'd.

PLOT, R., *Natural history of Staffordshire*, Oxford, Oxford University Press, 1686.

PORSET, C., *Les premiers pas de la franc-maçonnerie en France au XVIIIe siècle « le Secret »*, Paris, Edimaf, 2000.

PORSET, C., REVAUGER C., *Le Monde maçonnique des Lumières (Europe-Amérique & Colonies). Dictionnaire prosopographique*, n. 26, 3 volumes, Paris, Champion, 2013.

PRICHARD, S., *Masonry Dissected*, London, Charles Corbett, stock-broker, 1730.

RENAISSANCE TRADITIONNELLE, Revue d'Études maçonniques et symboliques, n. 175, Paris, juillet 2014.

REVAUGER, C., *Divulgation des rituels en Angleterre*, Blog maçonnique [en ligne], URL : http://revaugercecile.over-blog.com/article-1487588.html

RITE MODERNE RÉTABLI, *Rituels aux trois Degrés*, France, vers 1950.

RITE FRANÇAIS TRADITIONNEL, *Rituels aux trois Degrés*, France, vers 1950.

RITE ÉMULATION, *Rituels aux trois Degrés*, England, 1813.

SAINT-GALL, M., *Dictionnaire du Rite écossais Ancien et Accepté*, Paris, Télètes, 2001.

SEAL-COON, F. W., *The bird of freemasonry, another theorie*, London, AQC 92, 1979.

SNOEK, J., *The Evolution of the Hiramic Legend in England and France* », Washington D.C., Heredom, vol. 11, 2003.

STEVENSON, D., *Les premiers francs-maçons*, Saint Hilaire De Riez, Yvoire Clair, 2000.

STEVENSON, D., *Les origines de la Franc-maçonnerie. Le siècle écossais 1590-1710*, Paris, Télètes, 1993.

TILLOTT, P.M., *A history of the country of York*, London, Victoria County History, 1961.

TOURNIE, J-Y., *Les origines de la Franc-Maçonnerie*, Escalquens, Dangles, 2013.

TRÉBUCHET, L., *De l'Écosse à l'Écossisme*, Tome 1 et Tome 2, Marseille, Ubik, coll. « Fondations », 2012 et 2014.

UNITED GRAND LODGE OF ENGLAND, Site Officiel, échanges de documents.

WARD, E., *The bird of freemasonry*, London, AQC 91, 1978.

Achevé d'imprimer par Corlet Numérique - 14110 Condé-sur-Noireau
N° d'Imprimeur : 136303 - Dépôt légal : février 2017 - *Imprimé en France*